日本を
元気にする
新しいビジネスの
かたち

六方よし経営

藻谷ゆかり

日経BP

「世の中に新しい創造などない。あるのはただ発見である」

アントニオ・ガウディ（1852年—1926年）

経済成長をもたらすのは、技術革新だけであろうか

偉大な建築家であるガウディの言葉は、
「今ある資源や足元の価値を見直すことで、新たな成長の機会を見いだせる」
ことを教えてくれる

はじめに

江戸時代に全国で活躍した近江商人は、「売り手よし、買い手よし、世間よし」の「三方よし」を商売の基本にしたと言われている。「三方よし」は、「自分の利益追求だけにとどまらず、社会貢献をする」という経営倫理に基づいており、当時としては先進的な経営実践であった。

しかし現在は、経済がグローバル化してサプライチェーン（供給網）が複雑になり、「売り手」の範囲が大きく広がっている。また大量生産・大量消費の経済活動が地球環境の悪化を招き、人類の存続をも脅かす状況となっており、「世間」の範囲についても見直しが必要である。つまり「三方よし」だけでは、時代に合わなくなっているのだ。

元国連職員の田瀬和夫氏は、著書『ＳＤＧｓ思考2030年のその先へ 17の目標を超えて目指す世界』（インプレス）で、「六方よし」の経営を提唱している。その箇所は次の通りだ。

「ここでは、『三方よし』にさらに3つの『よし』を加えた「六方よし」の経営を提案します。すなわち、④サプライチェーン上の『作り手』が守られ、真価を発揮すること、⑤私たちの活動の舞台である『地球』が健康な状態にあること、そして⑥私たちの次の世代、それに続く将来の世代に負の遺産を遺さないような行動を私たちが取ることです。売り手よし、買い手よし、世間よし、作り手よし、地球よし、未来よし。この『六方よし』こそ、ＳＤＧｓ時代に求められる経営であり、すべての企業がＳＤＧｓに取り組む大義であると考えます」

田瀬氏は「六方よし」を提唱しているものの、その記述は以上の箇所のみにとどまっている。また「六方よし」の概念を「ＳＤＧｓに取り組む大義」として捉えており、「六方よし」を具体的な経営実践につなげてはいない。

本書では、田瀬氏が提唱した「売り手よし、買い手よし、世間よし、作り手よし、地球よし、未来よし」の「六方よし」を、すでに日本で実践している経営事例を研究し、「六方よし経営」を実現するための具体的なプロセスを明確にした。つまり本書は、「六方よし経営」を実践するための本である。

第1章「三方よしから六方よしへ」では、経営に関係するステークホルダー（利害関係者）について説明し、なぜ今、「六方よし経営」が必要なのかという理由を明らかにする。

さらに「六方よし経営」を実践している事例研究から見えてきた、「六方よし」に至るプロセスを詳述する。経営者や起業家は、このプロセスを理解することで、自分の事業や住んでいる地域で、「六方よし経営」を実現しやすくなるだろう。

第2章から第4章で、「六方よし経営」の14事例を紹介している。第2章は、家業を継いで経営を刷新し、地域活性化にも貢献している5事例、第3章は環境・福祉・文化といった分野で、社会課題の解決をビジネスモデル化した4事例、そして第4章は過小評価されていた地域資源の価値を高めている地域起業の5事例を取り上げている。

各事例の最初には「六方よしレーダーチャート」を載せ、特にどの「六方よし」が優れているかを、一目で分かるようにした。また14事例と関連した4つのコラムを用意し、さまざまな角度から「六方よし経営」の理解を深められるようにしてある。

本書で紹介する「六方よし経営」の14事例は、いずれも小さな会社の先進的な経営実践であり、多額の資本投資を必要としていない。これから「六方よし経営」に取り組もうとする経営者や、事業承継や社会的起業、地域起業を志す人たちにとっては、特に参考になるだろう。また小さな会社の「六方よし経営」は、大企業の経営者や社員にとっても、社会貢献や経営刷新に取り組む際に、ヒントとなるに違いない。

本書の特徴として、人口3万から5万人規模の地方都市にUターンやIターンをして、事業承継や地域起業した事例を多く取り上げている。こうした事例を知れば、地方では人口減少を嘆くよりも、「人や事業の新陳代謝が起こっているかどうかが重要である」ことが分かるだろう。人や事業の新陳代謝が起こっていれば、関係人口や交流人口の増加が期待でき、地方都市の存在が消滅したりはしないのである。

私が家族5人で長野県に移住して約20年になる。地方経済の衰退を目の当たりにしてきた一方で、若い世代が家業を再生したり、移住者が地域資源を活かして起業したりする事例を見てきた。そうした実体験から、「日本の成長フロンティアは、地方経済にある」ことを、私は確信している。

本書が地方経済を活性化し、日本を元気にしていく一助となれば幸いである。

2021年夏　長野県東御《とうみ》市にて

藻谷ゆかり

目次

第4章 地域資源の価値を高める「六方よし経営」

第1章

「三方よし」から「六方よし」へ

この章では、近江商人の「三方よし」を、「六方よし」へと、なぜ拡張しなければならないのかを詳《つまびら》かにしたい。そのために、まず近江商人の「三方よし」の由来を明らかにする。その上で、近年重視されるようになった3つのステークホルダー、「作り手よし、地球よし、未来よし」について説明し、「六方よし」へ拡張すべき理由を明確にする。

「商は笑《しょう》なり」という言葉がある。「売り手と買い手の双方が、商品を介して笑い合うのが商いの理想」という意味だ。商いは、そもそも売り手と買い手の「相対《あいたい》」で行われ、「二方よし」でいいはずである。また江戸時代は、商圏が今よりもずっと狭く、商人は地元のお客に商品を売る「地商《じあきな》い」がほとんどであった。

一方、江戸時代に「三方よし」を実践していたとされる近江商人とは、近江に住む地商いの商人ではなく、「他国に行って商いをした近江発祥の商人」のことを指している。

今よりも物流や通信の手段がはるかに劣っていた江戸時代において、地縁や血縁がない他国に出向き、ゼロから信用を積み重ねて商いをしていくのが、どれほど困難であったかは想像に難くない。そのため近江商人は、出先の他国の人々が求める商品を薄利で卸売りをして「共存共栄」の商いを心がけた。また天保の飢饉《ききん》の際には米の廉価販売をした近江商人もいたといわれている。このような商いのやり方や地域への貢献が「世間よし」である。

こうした「世間よし」の実践は、近江商人にとって「他国で商いをする上で、生き抜く知恵」であったといえるだろう。近江商人の「三方よし」は、従来の「三方よし」の商いに「世間よし」を加えたことで、CSR（企業の社会的責任）という側面が加わり、今日にも通用する経営理念となった。ちなみに近江商人から発祥した会社としては、総合商社の伊藤忠商事や丸紅、髙島屋や日本生命などがある。

ただし「三方よし」という言葉は、近江商人たちが使っていた言葉ではない。近江商人を研究した経営学者が、「近江商人の三方よし」という言い方を1980年代から使い始めた。ちょうどその頃、CSRが注目され始めており、「三方よし」という言葉が一般に広まったとされる。こうした経緯はともかく、「売り手よし、買い手よし、世間よし」の「三方よし」は、近江商人の経営理念を分かりやすく説明する言葉である。

「六方よし経営」は日本で実践しやすい

では次に、「三方よし」に、新たに加えた「作り手よし、地球よし、未来よし」のそれぞれについて、位置づけと意義を説明する。

まず「作り手よし」だが、「作り手」を従業員とすれば、すでに「売り手よし」に含まれているのではないかとする考え方もある。しかし今は、「作り手よし」と「売り手よし」を別に考えるべきだ。なぜならば商圏はグローバル化しており、「作り手」の範囲は従業員だけでなく、取引先やその子会社の従業員までも含まれ、大変広くなっているからである。

そして、そのすべての「作り手」の労働条件や取引条件が適切であるかが重要になってくる。すなわち商品が世界のどこかで、児童労働や劣悪な労働環境で作られていないかどうか、サプライチェーン上ですべての「作り手よし」になっているかが問題とされる時代になっているのだ。

「地球よし」とは、ビジネスの範囲を今までの「世間」だけでなく、地球全体に広げた上で「地球環境まで考えて、経済活動を行う」ということである。そして「未来よし」とは、さらに時間軸を加えて、「今の経済活動が、地球の未来や人類の未来にとっても、適切であるかどうか」が問われるようになっていることを意味する。

別の言い方をすると、「ある商品が、誰か（作り手・地球・未来）の犠牲の下に製造されていないか」ということを、すべての製造過程・流通過程において考慮しなければならないのだ。消費者や人権団体、株主、国際機関などのステークホルダーが、そのことをチェックしている時代なのである。

例えば、中国・新疆《しんきょう》ウイグル自治区の綿花栽培で、少数民族の強制労働が行われているのではないかという問題がある。この問題に関して、スウェーデンの大手アパレルメーカーH&Mは、2020年9月に現地に工場を持つ中国企業との取引停止を表明した。さらにH&Mは、「すべての素材がリサイクル、オーガニック、またはその他のサステナブルな方法で調達されることを目指している。（同社HPより抜粋）」とのことだ。H&Mの姿勢は、まさに「作り手よし、地球よし、未来よし」をよく表している。

このように、今や企業はすべての「作り手よし」を考慮し、「地球よし」という空間の広がりと、「未来よし」という時間軸も加えた「六方よし経営」をすることが必要とされているのである。

ところで読者の中には、「株主の存在をどう考えるのか」という疑問を持つ人もいるのではないか。本書では、「六方よし」に株主を入れていない。その理由は日本の企業数の96・3%が同族企業、すなわちファミリービジネスであるからだ。日本の場合には「経営者＝株主」となる場合がほとんどで、両者の利益は一致するのである。

ほとんどの企業が「経営者＝株主」である日本においては、「株主」というステークホルダーを排除して、長期的な視点から経営を考えることが可能である。逆に言うと、本書の「六方よし経営」は、日本においてこそ実践しやすい経営メソッドなのである。

「六方よし」に至る典型的なプロセス

日本ですでに実践されている「六方よし経営」を調査研究した結果、「六方よし」に至る典型的なプロセスが明らかになった。具体的な事例を理解するための道標として、先にそのプロセスを詳しく見ておこう。

「六方よし経営」の第一段階に見られるのは、自分が知らない世界で新しい経験をする「越境学習」である。そして越境学習後には、そこで得た知見だけでなく、新しい視点も手に入れることができる。そうして地場産業や伝統工芸といった地域資源に対して、「価値の発見」ができるようになる。

価値の発見のあとには、「フェアトレード」と「地産地承」という2つの行動が伴うことが多い。

フェアトレードとは、国内外の取引関係において、お互いの立場を尊重して公正な取引をするという行動で、これは「売り手よし、買い手よし、作り手よし」につながる。地産地承とは、「今ある資源や足元にある価値」を新しい形で再生し、次の世代に引き継いでいく行動で、「世間よし、地球よし、未来よし」につながる。プロセス全体は左図のようになるが、次にそれぞ

■「六方よし」に至るプロセス

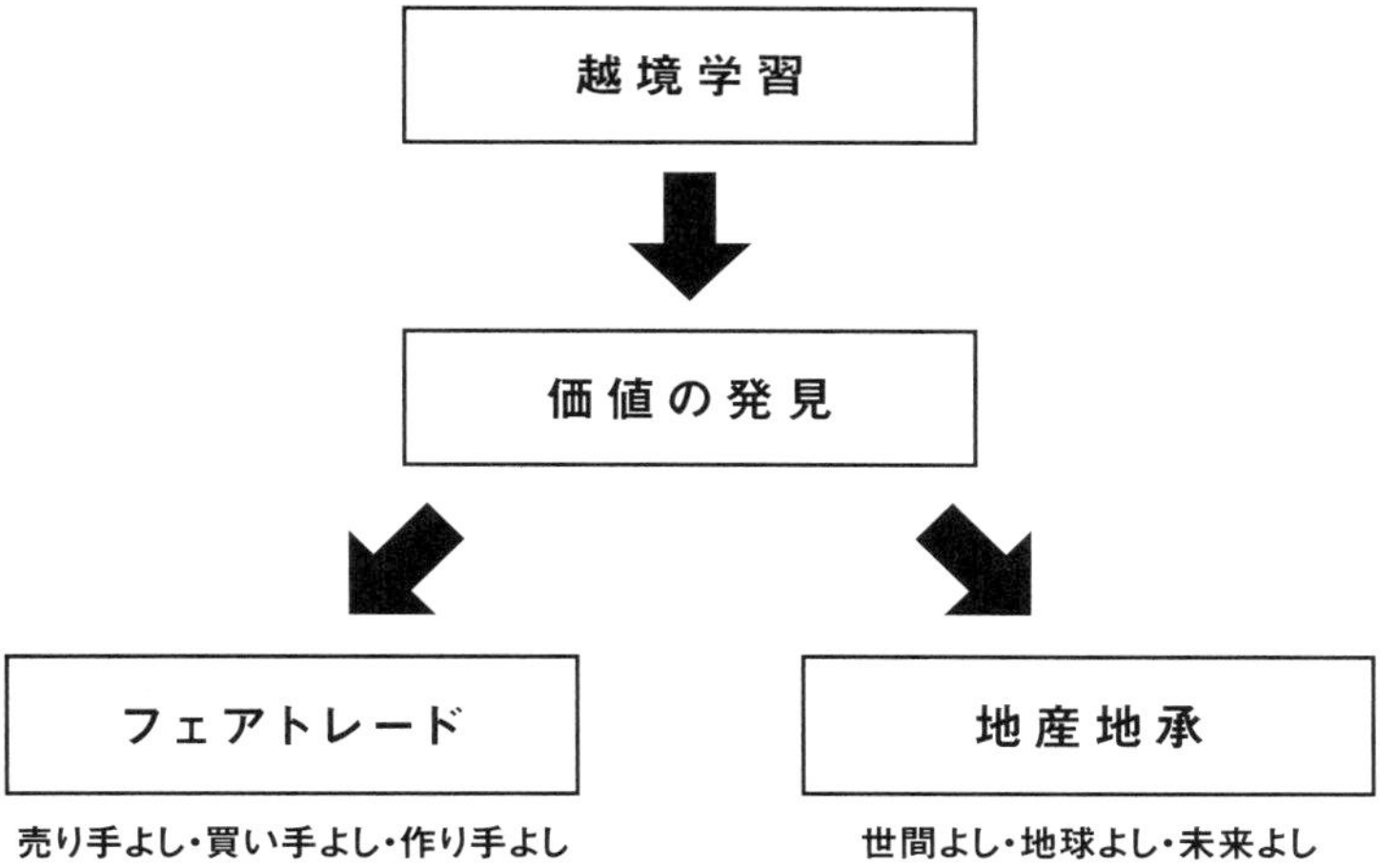

れについて詳述していく。

①越境学習

越境学習とは、自分が住んでいる地域や組織といった「コンフォート・ゾーン（居心地が良い場所）」を出て、自分が知らない世界を経験し、新しい知見を得ることである。典型的な越境学習は、地方から都会の学校に進学したり、海外に留学したりすることだ。また、家業を継ぐ人や起業する人が「武者修業」として、別の業種の会社に数年間勤務したりすることも越境学習である。

越境学習の意義は、新しい知識や経験を得ることに加えて、自分が今までいた環境を客観的に見直して、気づきを得る機会になることだ。その意味では、越境学習の内容は自分の本業や将来関わることと同じでなくても良いし、たとえネガティブな経験であっても越境学習となり得る。重要なのは、越境学習によって、今までとは違う新しい視座を得ることである。

越境学習の典型例が、第2章の事例②広島県広島市「ブーランジェリー・ドリアン」である。店主の田村陽至さんは、「多くの種類のパンを大量に作って、売れ残ったら捨てる」というパン屋経営に疑問を持ち、「店を1年間休業して、欧州各地のパン屋で修業する」という越境学習をした。その結果、欧州のパン屋が実践しているように「本来のパンの焼き方をして、パンの種類を絞る」という戦略で固定ファンをつかんだ。

今では「4種類のパンを週休3日で、定期購入分だけ焼く」というスタイルを確立し、パンの廃棄はゼロになっている。結果だけ聞くとまるで夢のような話であるが、第2章の事例でそれに至る過程を詳しく説明する。

また越境学習は、都会や海外に行かなくても実行可能だ。例えば、『なぜ星付きシェフの僕がサイゼリヤでバイトするのか?』（飛鳥新社）の著者、村山太一氏は、ミシュラン一つ星のイタリア料理店を経営しているが、業績の不振に悩んでいた。そこで村山さんは正月休みなどを利用し身分も明らかにして、「サイゼリヤ」でアルバイトをした。そこで得た「効率的な業務体制とフラットな人間関係」を自分の店の経営に導入した。その結果、利益は過去最高となり、労働生産性も前年比3・7倍に改善し、従業員に1・5倍の給与を支払うことができるようになったという。

地方に住む若い人たちこそ、こうした越境学習の機会は必要である。私は長野県に移住して約20年になるが、人口減少に悩む自治体関係者や年配者などから、「地元の高校生を、大学進学や就職で県外に出すな」という意見を聞くことがある。こういう考えは若い人たちが成長する可能性を奪うことであり、地方をさらに衰退させることにもつながるだろう。「かわいい子には旅をさせよ」という言葉があるように、若い人には越境学習の機会を、積極的に与えるべきではないだろうか。

②価値の発見

価値の発見とは、越境学習をきっかけに、「今ある資源や足元の価値に気づくこと」である。本書の冒頭に、「世の中に新しい創造などない。あるのはただ発見である」というガウディの言葉を紹介した。ガウディが設計した世界的な建築物であるスペイン・バルセロナ市の「サグラダ・ファミリア」聖家族贖罪《しょくざい》教会は、ガウディの死後も、まだ建築中である。そんな経緯から、私は「ガウディは死後も、創造し続けている」と思っていたので、この言葉は意外だった。

『ガウディの伝言』（光文書新書）の著者、外尾悦郎氏は1978年以来「サグラダ・ファミリア」の彫刻を担当し、現在は同教会の専任彫刻家である。前述のガウディの言葉について外尾氏は、「この言葉は一つには、資源の問題として考えてみる事ができるかも知れません。人間がどれだけ科学を発展させ、高度なものをつくれるようになっても、その材料は常に資源から発見し、もらっているものです」と解釈している。この意味では、人間は創造をしているようでも、すでに存在しているものを発見しているだけなのである。

「三方よし」を実践していた近江商人もまた、他国に行って商売することで越境学習をし、価値の発見をしていたに違いない。近江商人は、他国では希少な近江の産品を持ち出し、帰路に他国の産品を近江に持ち帰るという「持ち下り商い」をしていたといわれる。すなわち近江から出て越境学習をし、各地で価値の発見をして、商売に結び付けていたのである。

第4章の事例⑫福岡県八女《やめ》市「うなぎの寝床」の白水高広さんは、売れるはずがないといわれていた久留米絣《がすり》のもんぺに価値の発見をした。柄物が普通だった久留米絣だが、あえて無地の久留米絣を採用し、現代風にアレンジし全国に卸売りをして、大ヒット商品にしている。

③フェアトレード

一般的にフェアトレードとは、開発途上国のコーヒーやチョコレートといった農産物を、市場価格ではなく一定の契約した価格で、安定的に買いつけることを指す。しかし本書では、フェアトレードを「強い立場であっても、相手にフェアな対価を支払うこと」と広く定義し、日本国内外での商取引でも成り立つ概念とする。

フェアトレードをする意義は、商取引において弱い立場にある「作り手」に対してフェアな条件で取引することで、「作り手」の人権や生活を守り、その取引を持続可能なものとするためである。前述したように、商品が「誰かの犠牲の下に作られている」という状況は、今や経営倫理上、許されないことである。そして特に弱い立場に置かれがちな「作り手」を守ることで、「売り手よし、買い手よし、作り手よし」の「六方よし経営」が実現する。

第2章の事例③宮城県気仙沼《けせんぬま》市「たかはしきもの工房」の髙橋和江さんは、自社で縫製工場を所有しているが、リスクヘッジのために、縫製の一定量を外注に出すようにしている。時には外注の見積もり金額のほうが、自社の製造原価よりも安くなることがあるそうだ。そんな時に髙橋さんは、外注先が無理をして安い見積もり金額を出しているのではないかと察して、自社の製造原価で契約するようにしている。これはまさに「売り手よし、買い手よし、作り手よし」のフェアトレードを、国内の取引で実践している事例である。

④地産地承

地産地承とは、『地方起業の教科書』（中川直洋著、あさ出版）で提唱された言葉である。同書では、「地方創生成功のカギは3つの『地産地ショウ』、『地産地消、地産地商、地産地承』が重要である」とし、地産地承とは「地元で繁盛している事業を次の世代に引き継ぐこと」としている。

しかし本書では地産地承をより広い意味に捉え、「地域にある自然資源や施設、技術、伝統、文化などを次世代に承継していくこと」とする。

地産地承の意義は、すでに地域にある資源や施設、技術を活用するので投資効率がよく、さらに時間的にも、より早く事業を軌道に乗せられることである。また地域の特長を活かすことで差別化につながり、競争力やブランド力を持つことも可能で、地域活性化や地域文化の継承にもつながるメリットがある。

第2章の事例①石川県能登町「数馬酒造」の数馬嘉一郎さんは、東京ドーム約5個分の耕作放棄地を、地元の農業法人などと協働し水田に転換して酒米を作り、廃園となった保育園をしょうゆの醸造所にしている。数馬酒造のホームページでは、「持続可能な能登の未来を創るため、能登の美しい自然と文化、そして産業を次世代に繋ぐことが私たちの使命です」と明確なメッセージを伝えている。

このように地産地承は、「世間よし、地球よし、未来よし」を実現し、「六方よし経営」につながるのである。

「六方よし経営」につながる一連のプロセスは、誰もが起こすことが可能だ。起点となる越境学習は、前述のように「コンフォート・ゾーン」を出ることであるから、今まで経験したことがないことに、積極的にチャレンジするといい。地域のボランティア活動やＰＴＡ活動に参加したり、二拠点生活を始めたりすることも越境学習である。読書も静的な越境学習であり、本書の事例を自分ごととして読み進めることで、新たな視点を得ることができるだろう。

さらに経営者は、このプロセスを何度でも起こしていくことが必要だ。なぜならば、経営環境は常に変化しており、経営には正解が存在しないからである。従って、越境学習で自分を常にアップデートし、新しい視点を持って事業に取り組むことが経営者には求められている。

それでは、次章以降、「六方よし経営」の実践事例を紹介していく。

第 2 章

既存事業と地域を活性化する「六方よし経営」

5事例

事例① 数馬酒造株式会社 石川県能登町

事例② ブーランジェリー・ドリアン 広島県広島市

事例③ たかはしきもの工房 宮城県気仙沼市

事例④ 株式会社フロービス 広島県竹原市

事例⑤ 有限会社エニシング 東京都港区

column atelier すずきの洋傘

この章では、地方にある家業を承継し、持続可能なビジネスモデルに変革して事業を未来につなぎ、さらに地域の活性化にも貢献している「六方よし経営」の5事例を紹介するが、先にその概略を示そう。

最初の事例、石川県能登町の「数馬酒造」の数馬嘉一郎さんは、24歳という若さで事業承継した。先代の父親は承継後、事業に一切関わらず他の仕事に就き、経営のアドバイスすらしなかったという。イノベーションは断絶した状態から起こることがよくあるが、この事例ではまさにそうした状態から、さまざまな経営改革を成功に導いている。数馬さんは「酒造りという生業《なりわい》を通して、地域の課題を解決」しており、地元の老舗企業が事業を通じて「世間よし」「地球よし」「未来よし」を実践しているモデルケースである。

広島県広島市の「ブーランジェリー・ドリアン」の田村陽至さんは、「パン屋の長時間労働とパンの廃棄」という経営課題を、欧州での「越境学習」を経て解決した。現地で学んだ「パンの種類を少なくして労働時間を短縮し、パンの廃棄をゼロにする」ことを試行錯誤しながら実現して、「作り手よし」「地球よし」となっている。

宮城県気仙沼市の「たかはしきもの工房」の髙橋和江さんは、着物ユーザーの悩みを解決する独創的な和装下着を開発し、業績を伸ばしている。2011年の東日本大震災で津波被害にあったが、縫製工場を買収して地元の雇用を維持し、「作り手よし」と「世間よし」を実践している。着物業界という衰退産業で、しかも「陸の孤島」と言われる気仙沼市にある和装下着メーカーが、被災後に業績を伸ばしていることは、大変勇気づけられる事例だ。

広島県竹原市の「フロービス」の福本博之さんは、地元を離れて約20年後に、葬祭業を営む父親の病気をきっかけに、Uターンして事業承継した。突然の事業承継だったが、サラリーマン経験を活かして経営を刷新した。さらに社会人MBAコースという「越境学習」を経て、いろいろな地域活性化事業にチャレンジし、「世間よし」を日々実践している。都会のサラリーマンがUターンして、事業承継をするモデルケースである。

最後に家族間の事業承継ではない、第三者事業承継の事例を取り上げた。

愛知県豊橋市に縫製工場がある「前掛け専門店エニシング」は、廃業予定の織物工場を事業承継し、日本の伝統的な前掛けを、オーダーメイドで1枚からプリントする事業を展開している。前掛けの新しい用途や販路を開拓して、日本の伝統産業を未来につなぐ「未来よし」となっている。ニューヨークを初めとして、ロンドンやパリなどの海外市場にも積極的に進出している先進的な事例である。

事業承継した経営者たちは、従業員の働き方や地域の活性化、そして地球環境に配慮をしながら、承継した事業を持続可能な形に発展させて、未来につながる「六方よし経営」を実践しているのである。

20代で事業承継し、見事な「六方よし経営」を実践

数馬酒造株式会社　石川県能登町

代表取締役　五代目蔵元
数馬嘉一郎さん

24歳で奥能登の老舗酒蔵を継いだ数馬嘉一郎さん

数馬酒造の六方よし

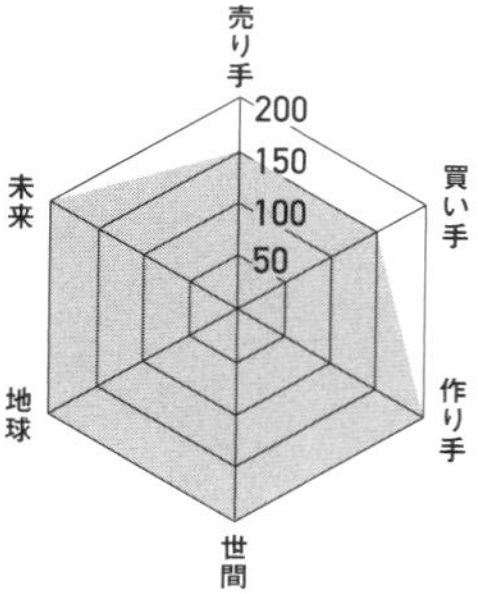

売り手よし 買い手よし	地域の風土（テロワール）を活かした日本酒造りをし、域外販売も積極的に行って、能登産日本酒の「地産外商」に成功している
作り手よし 未来よし	若手中心の酒造りで新しい働き方を推進し、能登での酒造りを持続可能な事業にして、未来につないでいる
世間よし 地球よし	耕作放棄地や廃園した保育園といった地域資源を再生して、酒米づくりや醸造事業を行い、地域の課題を解決しながら事業を発展させている

日本酒は、その多くが地域の食文化と深くつながる「地産地消」の商品である。しかし日本酒の需要は年々減退し、経営難や後継者難から廃業する酒蔵も多い。1960年には全国に約4000あった酒蔵は、今は1300ほどに減少しているといわれている。

奥能登で100年以上続く老舗の酒蔵をわずか24歳で事業承継した数馬嘉一郎さんは、2011年に世界農業遺産に指定された「能登の里山・里海の恵み」に注目し、「能登を醸す」を経営理念にした酒造りで「六方よし経営」を実践している。

能登半島の中心都市、七尾から車で1時間ほどの港町、能登町宇出津《うしつ》地区にある数馬酒造株式会社は、明治2年創業の老舗である。数馬酒造はもともとしょうゆの醸造元であったが、日本酒の醸造も始め、戦後は別会社を設立して、能登半島北部地域で酒類の卸業も手がけていた。

数馬酒造の五代目蔵元、数馬嘉一郎さんは1986年生まれ。3人きょうだいの長男で、幼稚園の頃から「将来は社長になる」というイメージを描いていた。しかし周囲から「蔵元の跡継ぎ」と思われていることを窮屈に感じ、「自分で会社を起業すること」を夢見て、上京して玉川大学経営学部で学んだ。

卒業後は「いろんな業種の経営者に会いたい」という思いで、コンサルティングのベンチャー企業に入社し、電話でアポイントを取り、ひたすら営業をする日々を送る。

突然の事業承継で、ゼロからのスタート

数馬さんが24歳になったある日、能登町の父親から電話があり、「そろそろ家業を手伝ってくれないか」と言われた。今まで一度も父親から家業を継ぐように言われたことがなかったため、突然の申し出に驚いたが、東京の会社を辞めて能登町に戻ることにした。

能登町に戻ってから5カ月たち、また驚くべきことが起こった。父親が地元の信用金庫の理事長に就任することになり、数馬さんが家業を継ぐことになったのだ。日本酒業界では、24歳で社長になるというのは異例である。その当時の数馬酒造は、日本酒の製造業と酒類卸業で約4億円の売り上げがあったが、金融機関からの借り入れも売り上げと同規模あり、赤字経営だった。数馬さんは「当時はまだ若く、事業承継時に借入金約4億円の個人保証をすることも、『そういうものなんだ』という感じでピンときていませんでした」と語る。

父親は事業承継時に数社の挨拶回りに同行しただけで、社長業についてほとんど教えなかった。数馬さんは日常業務の細かいことが分からず、父親の意見を聞きたいと思うこともあったが、父親は信用金庫の仕事に専念し、数馬酒造の仕事には一切口を出さなかった。

そこで数馬さんは石川県出身の経営者750人をリストアップし、「経営について教えてほしい」と手紙を送ったところ、数十人の経営者がメッセージをくれたりお酒を買ってくれたり

した。そのうちの一人から電話をもらい、経営について教えてもらえるようになった。数馬さんはともかく自社製品の売り上げを少しでも伸ばすように懸命に努力したところ、翌年には黒字経営に転換することができた。

事業承継してから数年後に、数馬さんに大きな転機が訪れる。長年勤めていた酒造りの要である杜氏《とうじ》が辞めることになり、代わりの杜氏に来てもらったが思いを共有することができず、数馬酒造は「杜氏がいない」という事態になったのだ。しかしその当時27歳だった今の製造責任者が、「僕に任せてもらえませんか」と申し出て、2015年以降は社員による酒造りをすることになる。

能登産の酒米にこだわる

事業承継は通常5年ほどかけて、先代が経営の仕方を教え込むことが普通だが、数馬酒造ではそうしたプロセスがなく、また杜氏も辞めてしまった。

数馬さんが望んでのことではなかったが、いわば「断絶」に近い状況になったため、イノベーションが起きやすい環境が整ったともいえる。数馬さんは「代替わりして24歳の自分に全面的に任せてくれた父に感謝しています。若くして任されたので、自分も年齢に関係なく社員を

数馬酒造は、地元の耕作放棄地を酒米の水田に変えていった

信頼して任すことができるのです」と語る。

数馬さんは、「能登」というテロワール(風土)を活かすことに徹底的にこだわり、「能登を醸す」という経営理念を掲げている。先代の時に能登産の酒米使用率は約40%だったが、事業承継後はその比率を徐々に高め、2020年には100%にしている。

能登では耕作放棄地が増えていたが、数馬さんは地元の農業法人「株式会社ゆめうら」や能登島の農家と協働し、東京ドーム約5個分もの耕作放棄地を水田に戻して酒米を作り、自社の酒米使用率を能登産100%としたのである。これはまさに「世間よし」の酒造りだ。

さらに数馬さんは、能登の酒造り・米作り・畜産業を連携させ、それぞれの副産物を

数馬酒造では「ジビエに合う酒」など新発想の商品が多い

うまく資源循環させた「竹葉《ちくは》 能登牛《うし》純米」を作っている。まず酒の精米時に出る米粉を牛の飼料に活用し、次にもみ殻と牛糞《ぎゅうふん》を、農地の堆肥として活用し酒米を作る。この循環サイクルで出来た酒米を使い、牛肉と合う味わいの日本酒を造り出した。

この「竹葉 能登牛純米」は「プレミアム石川ブランド」に認定され、「いしかわエコデザイン賞２０１９」で銀賞を受賞、さらにフランスのソムリエによる品評会「Ｋｕｒａ Ｍａｓｔｅｒ」で、２０１９年と20年に連続で金賞を受賞した。同様に、「能登の里山・里海」の恵みであるジビエ・イカ・カキと合うように仕上げた「地域食材特化シリーズ」酒も醸造している。

もともと数馬酒造は、江戸時代からしょう

廃園になった保育園の建物を利用した数馬酒造の新しいしょうゆ製造施設

ゆの醸造をしていたが、数馬さんはしょうゆの醸造をやめて、日本酒醸造に集中したいと考えていた。ところが能登の耕作放棄地の中には米作りには向かない土地があり、「そうした土地に大豆や麦を植えて活用してはどうか」と協働している農家から提案があった。これを機に、数馬さんはこれからもしょうゆ醸造を継続することを決意し、醸造施設を一新することにした。

廃園となっていた地元の保育園を借りて、2018年に新しいしょうゆ製造施設に転換した。保育園を活用した理由は、給食室があり手洗いのための水道も多く、使い勝手が良かったからだ。このように数馬さんは地域の実情に合わせて、柔軟に対応している。

さらに能登町にある廃業したワイナリー施

設を2019年から借りて、能登産の梅や柚《ゆず》、石川県特産の加賀棒茶を使い、数馬酒造の日本酒で仕込んだリキュールを醸造し始めた。このように数馬さんは、地域資源を積極的に再活用して「世間よし」を実践し、また地球環境面では「地球よし」となっている。

地域の未活用施設を醸造施設に転換した理由は、単に地域活性化のためだけではない。前述したように数馬酒造では、杜氏中心の冬場の酒造りから、醸造課の社員たちによる通年の酒造りに転換している。新しく2つの醸造施設を造ったことで、醸造課の社員たちは冬の日本酒醸造に始まり、春のしょうゆ醸造、そして夏のリキュール醸造と、通年で醸造の仕事ができ、醸造について多様な経験を積める。

数馬酒造の醸造課では、20代、30代の正社員4人が「1人1タンク」を担当する「責任醸造制」を取っている。1人が1つのタンクを担当することによって、自分が製造する酒に対して、やる気を持って醸造するようになる。「地域食材特化シリーズ」が商品開発できたのも、「責任醸造制」で社員一人一人が造りたい酒にチャレンジできたからだ。

さらに醸造プロセスの機械化やデータ化も推進し、遠隔地からスマホで醸造状況を確認できるようにもした。今までの杜氏による酒造りは、「酒の仕込み期間は酒蔵に泊まり込み、赤ちゃんの世話をするように、寝ずの番で見守る形」で行われていた。現在、数馬酒造の醸造課の社員は、他の社員と同様に8時半出社、遅くとも19時に退社して、休みも取得できる。

■数馬酒造の経営の変化

	事業承継時	現在（2021年）
売上高	約4億円（酒造会社・酒類卸会社）	約3億円（酒類卸業を縮小）
経営状態	赤字経営	黒字経営
能登米使用比率	約40%	100%
従業員数	社員11人	社員13名（パート4名）
販売地域	能登内70%、能登外30%（主に金沢）	能登内30%、能登外70%

また数馬さんは、社員たちにフレキシブルな勤務体制も認めている。「社員それぞれが得意なことに専念すればいいと思います。働き方について、社員それぞれの就業規則があっても構わない」という。このように男女共に働きやすい職場環境をつくり上げたことにより、2018年に奥能登地域では初めて、「石川県ワークライフバランス企業」として知事表彰された。数馬酒造では、「作り手よし」も見事に実践されているのだ。

数馬さんに代替わりして多彩な経営改革を推進したところ、醸造する日本酒の評価が高まり、また能登の恵みを活かした魅力的な新商品を提供できるようになった。その結果、今までは能登内での販売がメインだったのが、この10年間で能登外への販売が約70％にまで拡大している。売上高そのものは、酒類卸業を大幅に縮小したことで約4億円から約3億円に減少したものの、経営基盤はより強固となり、地域資源の活用に対して、積極的に投資ができる財務体質になっている。

地産地消の日本酒を、県外や海外へ販売できる理由

私が最初に数馬さんと会ったのは、2018年の夏だった。私は、その当時執筆していた『衰退産業でも稼げます「代替わりイノベーション」のセオリー』（新潮社）の取材で、日本酒のベンチャー企業「日本酒応援団株式会社」の東京のオフィスを訪問した。そこで「日本酒応援団」と提携関係にあり、たまたま来ていた数馬さんを紹介されたのだ。

数馬さんは当時32歳、「ずいぶん若い社長さんだなあ」というのが第一印象だった。名刺交換をしたあと、数馬さんは「僕は先に販売のめどを立ててから、日本酒を造るようにしているんです」と言ったが、当時はその真意を私は理解できなかった。

「もちろん製造の全量を予約販売というわけにはいきませんが、日本酒応援団をはじめとした取引先や自社の頒布会を通じて予約を受け付けた分を、製造するように努力しています」と数馬さんは語る。「日本酒応援団」は自社での通販だけでなく、髙島屋への卸販売や、米国やタイなど海外へも積極的に販売しており、数馬酒造も「日本酒応援団」とタイアップすることで、そうした販売ルートを持つことができている。

冒頭に述べたように、日本酒は典型的な「地産地消」の商品で、実際に事業承継時には、数馬酒造はほぼ石川県内にしか販売していなかった。人口減による地域内販売の減少分を、地域

外への販売を多くすることで、リカバーできているといえるだろう。

このように数馬さんは能登にある資源を活用し、能登産の日本酒の魅力を高め、また地域外の人的ネットワークを広げたことにより、地域外への販売、すなわち「地産外商」を可能にした。こうして地域外のお客も能登の酒を楽しめるようになっており、「売り手よし」「買い手よし」となっている。


数馬さんは「酒造りという生業を通して、地域の課題を解決していくことが、私自身の経営者としての本望です」と語る。さらに、「『売上高を○○億円にする』といった数値目標に固執した経営はしたくないです。そういう経営をしていても楽しくないですから。今後もさまざまな業種の方々と協働して、ワクワクしながら能登を醸していきたい」という。

数馬酒造のホームページでは、最初に「能登を醸す」という経営理念が現れ、「持続可能な能登の未来を創るため、能登の美しい自然と文化、そして産業を次世代に繫《つな》ぐことが私たちの使命です」というメッセージと、能登の美しい風景の写真が展開する。日本酒の商品説明よりも先に、経営理念について明快な言葉がつづられている。美しいビジュアルと強いメッセージがあるコーポレートサイトと、実際に商品を購入するショッピングサイトがきちんと分かれている。私はてっきり広告代理店が「能登を醸す」というコピーを考え、このように完成度の高いホームページを作ったのだろうと思っていたが、実は違った。

「祖父や父は、『能登を醸す』というニュアンスの言葉を、よく口にしていました」と数馬さんは言う。「私はその思いを受け継ぎましたが、日本酒の製造や販売方法については、時代に合うようにしていかなければならないと思っています」とのことだ。先々代、先代の思いを今に伝えているホームページは、能登出身のデザイナーに制作を依頼し、自社の広報がディレクションを担当している。いわばホームページも能登産なのだ。

さらに数馬さんの父親は、「人を醸す」という言い方もしていたという。「人を醸す」とは、時間をかけて従業員を育て、お客や地域の人たちと、良い関係をつくり上げていくことを指すのだろう。このように数馬酒造では年月を重ねて、「売り手よし、買い手よし、作り手よし、世間よし」としている。

能登の地域資源を積極的に活用して、魅力的な商品を生み出している数馬酒造は、「六方よし経営」を見事に実現しているモデルケースである。

越境学習を経て、〝非常識なメソッド〟を「六方よし経営」に昇華させたパン屋

ブーランジェリー・ドリアン

広島県広島市

店主 田村陽至さん

欧州で修業し、週休3日でも儲かるパン屋に変えた田村陽至さん(左)と修業先のデニス君(右)

ブーランジェリー・ドリアンの六方よし

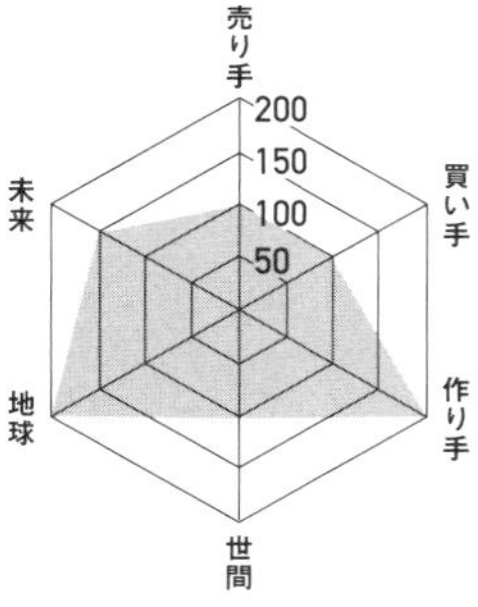

作り手よし 未来よし	「長時間労働」というパン屋の経営課題を「パンを4種類に限る」ことで解決し、さらに週休3日を実現した。そしてそのメソッドを研修生に伝授して次世代につなげている
地球よし	通販の予約分だけパンを焼き、パンの廃棄をゼロにしている

『捨てないパン屋』（清流出版）というキャッチーなタイトルの本を2018年に出版した「ブーランジェリー・ドリアン」の田村陽至さんは、かつては毎日一生懸命にパンを焼き、そしてパンを捨てていた。欧州で1年間の「越境学習」をしたのち、パンの製造方法を変えて「捨てないパン屋」となり、さらに働き方を変えて週休3日の「働かないパン屋」となった。コロナ禍で広島市内のパン販売店を閉じ、インターネット通販に全面移行、今後は岡山県の里山に家族3人で移住する計画である。

田村陽至さんは広島市出身で1976年生まれ。広島市内の人気のパン屋「ブーランジェリー・ドリアン」の三代目である。

田村さんは姉が2人いる3人きょうだいの長男だが、子供の頃からパン屋が嫌いで、将来は絶対に継ぎたくないと思っていた。その当時のパン屋は、お客の要望や流行に合わせて、パンにたこ焼きや焼きそばなどを入れていて、パン屋として一貫したポリシーが感じられず、また売れ残れば大量に捨てていたことが嫌だったからだ。パンを廃棄することについて、田村さんの父親は「俺はパン屋としてあれだけパンを捨てたんだから、死んだら地獄に行くことになるかもしれない」と言っていたそうだ。

田村さんは広島の高校を卒業後、東京の大学に進学して環境問題を学び、卒業して金沢のパン屋で修業したものの半年で辞めた。

モンゴルで学んだ食の大切さ

その後は長野県の温泉旅館で働いたり、北海道で自然ガイドを務めたり、沖縄で環境関係のNPOで仕事をしたりした。そして沖縄のNPOの紹介で、2001年から2年間モンゴルに住み、日本人向けのエコツアーを開催するなどの仕事をしながら、遊牧民と暮らす日々を送る。

モンゴルでは「羊一頭をさばいて食べる」ことを実体験し、この経験が田村さんの食べ物に対する考えを決めたという。モンゴルで羊をさばく場合、一部の内臓以外は肉も血もすべて余すことなく食べ尽くす。肉は塩ゆでにするが、その時に血を詰めた内臓も塩ゆでにする。まさに「命をいただいて食す」ということを、目の当たりにした経験だった。

そんなモンゴルでの生活から、2003年12月に広島の実家に一時帰国すると、両親から「店の経営が苦しく借金もある。従業員には辞めてもらい、2人だけで経営して、何とか借金を返していきたい」と相談される。両親だけで経営するのは難しいと考えた田村さんは、帰国して店を手伝うことにした。田村さんは、薪窯を導入して天然酵母で国産小麦のパンを焼くことを発案し、店や設備をリニューアルした。

モンゴルで、遊牧民と暮らす「越境学習」をした田村さん

それからは、前日の夜10時からパンの仕込みを始めて、翌日の午後5時まで1日に3回も4回もパンを焼き続ける生活を送る。天然酵母のパンや多彩な総菜パンを提供し、アルバイト5人を含め8人体制でフル操業して、お客があふれる人気店になった。

しかし雨の日などにはパンは大量に売れ残り、捨てることになる。そうした経営では身も心も休まらず、また資金繰りも決して楽にはならなかったという。そして2011年に田村さんに転機が訪れる。

1年間、店を休業して結婚したばかりの妻の芙美《ふみ》さんと2人で、欧州にパン修業の旅に出たのだ。1年間も休業したのは、決して余裕があったからではない。田村さんは店舗を大家さんの許可を得て、別のパン屋にまた貸

欧州でパン修業した田村さん夫妻

しし、貯金を取り崩して、「1年間の欧州でのパン修業」という「越境学習」を断行した。

これだけの犠牲を払ってでも「越境学習」したのは、「そうしなかったら今後10年、20年、パン屋をやっていくことはできない」という不退転の思いがあった。また田村さんは以前にフランスで短期間パン修業をしたことがあり、その時に経験した「仕事と暮らしのペースがゆったりしている生活」を、再び経験したいと思ったからである。

フードロスのないパン屋に

フランスで2軒のパン屋で修業したあと、日本のパン文化研究家に紹介されたオーストリア・ウィーンにあるパン屋、「グラッガー」というお店で修業したが、そこでのパン作りや働き方に田村さんは衝撃を受けた。

パン職人は朝8時から働き始め、正午過ぎには仕事を終えて帰ってしまう。言い換えると、前日仕込んだパンを焼き、翌日のパンをこねて成形し冷蔵庫にしまったら、もうそれで1日の仕事はおしまいになるのだ。

パンの種類は多くはないが、「最高級の小麦粉を使い、天然酵母で醸して薪窯で焼く」というシンプルな製造方法だった。そうして作られたパンはとてもおいしく、田村さんは「パンが持つ力が違う」と感じたそうだ。田村さんは「グラッガー」のやり方を「手抜き」と表現しているが、その真意は手抜きというのは悪いことではなく、むしろ「材料や焼き方といった、大事なことに集中する」ということなのだ。

欧州から帰国後、田村さんはパンの製造方法と販売体制を変えた。田村さん1人が午前4時から正午までパンを焼き、妻の芙美さんが正午から午後6時までパンを販売する。パンの種類はいわゆるハード系のパンで、定番のカンパーニュとブロン、他に季節によって2種類の合計4種類である。またいずれも1kgほどの大きな塊に仕上げ、カスタードクリームなどの具は一切入っていない。パンの種類は少ないが、通常の2倍以上も価格が高い、有機栽培の国産小麦粉を使っている。

焼き方は欧州の伝統的なパンの製法で、材料は有機栽培の国産小麦粉と塩と水のみ、酵母菌と乳酸菌が入ったルヴァン種で発酵させ、薪窯で焼く。こうして焼いたパンは、乳酸菌が働い

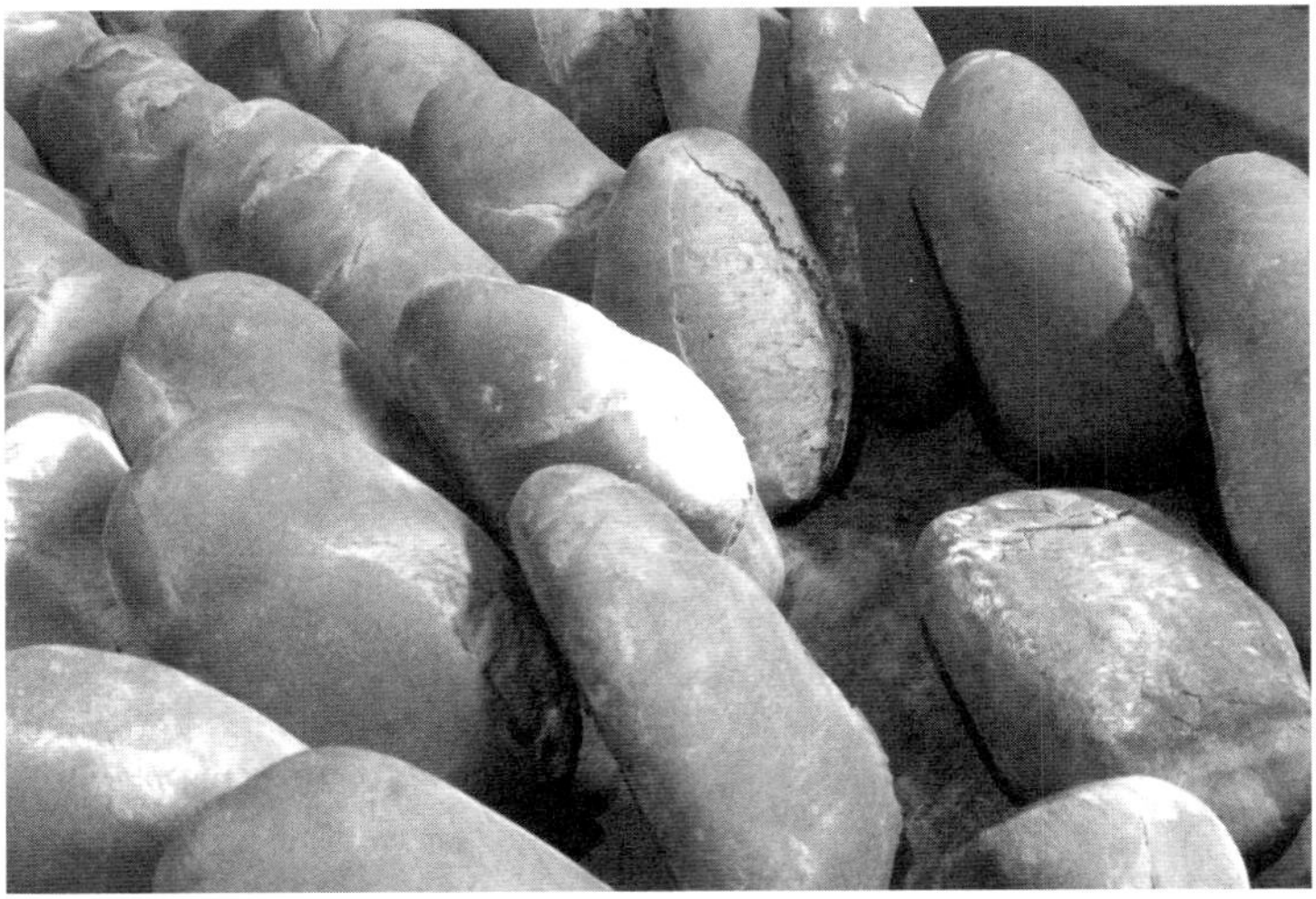

1個1kgの大きなパンを作って売れば無駄が出ないことを発見した

てしっかり発酵しているので、防腐剤を入れなくても2週間持つ。

このように有機栽培の国産小麦粉を使った無添加のおいしいパンは、お客も喜ぶパンになる。もしパンが売れ残った場合には、翌日に2割引にして売り切るので、パンを捨てることはなくなった。こうして「売り手よし、買い手よし、作り手よし、地球よし」のパン屋経営が実現したのである。

さらに田村さんは週休3日を実現するために、2018年に手作りで奥行き4mの石窯を新たに作った。新しい石窯では、以前の窯の3倍の約100個のパンを一度に焼くことができる。田村さんは水曜日から金曜日にパンを仕込み、木曜日から土曜日の3日間にまとめてパンを焼くことで、週休3日を実現し

働き方を変えるために導入した大きな石窯

た。ただし1日の労働時間は以前よりも長くなり、午前4時から始まり14時までになることがある。

週休3日の「働かないパン屋」となった田村さんは、ステップアップのために挑戦したいことができるようになり、後述するように岡山県の里山との二拠点生活も可能になった。また2019年の夏には長男が生まれ、妻の芙美さんは産休と育児休業に入ったため、販売と通販を担当するスタッフ1人を新たに雇った。

「引き出しの多さ」が強みに

田村さんはパン工房での販売とは別に、広島市の八丁堀に、パンの販売店舗を2009

年から開設していた。八丁堀は広島市の中心地であるが、大通りから少し入ったところに、格安の小さな店舗を借りることができたのである。開店当時は週5日営業していたが、欧州での修業後は週4日営業、インターネットの定期購入を始めてからは週3日営業、そして2020年初からは週2日営業となっていた。

2020年春から新型コロナウイルスの感染が拡大し、狭い店舗では感染の恐れがあるため、田村さんは八丁堀店を3月に閉店した。その代わりに、インターネットの定期購入の新規受付を2年ぶりに再開したところ、追加募集枠の150人はすぐに埋まってしまった。こうして広島市内の店舗を閉店したにもかかわらず、パンの定期購入客を増やすことができたので、年商はコロナ前よりも増えたという。

2004年から欧州での越境学習前と、12年の越境学習後、そして20年のコロナ禍後の年商や労働時間などをまとめると、次ページの表のようになる。

表を見て、「まるで夢のような話だ」と思う人が多いだろう。「パンの種類を4種類に限定し、定期購入を中心としたインターネット通販だけにする」ということは、すなわち「予約を受けた分だけ、4種類のパンを焼いて発送する」ということだ。

もちろん一挙にここまで到達できたわけではなく試行錯誤の末なのだが、なぜ田村さんにはこのようなことができたのか。

■ブーランジェリー・ドリアンの経営の変化

	2004年〜 越境学習前	2012年〜 越境学習後	2020年〜 コロナ禍後
年商	約2500万円(赤字経営)	2500万円弱(黒字経営)	3000万円以上(黒字経営)
従業員	8人	田村さんと妻(販売)	田村さんとスタッフ(通販)
パンの種類	20種類以上	4種類	4種類
販売方法	店舗	通販(定期購入者300人) 広島市内の販売店 レストランなどの業務用 パン工房でのセルフ販売	通販(定期購入者450人) レストランなどの業務用 パン工房でのセルフ販売
パンの製造	夜10時から翌日17時まで	朝4時から正午まで	朝4時から14時まで
労働日数	週6日(週1日休み)	週6日(1カ月夏季休業)	週4日(1カ月夏季休業)
パンの廃棄	あり	なし	なし

私は広島市のパン工房と移住予定先の蒜山《ひるぜん》で2回取材したが、田村さんは実に「引き出しが多い人」なのである。『捨てないパン屋』という本には、田村さんが「パンを通して、どのように世の中を見ているか」が軽妙な文章で書かれており、いろんなエピソードが並んでいて面白い。パン屋のオーナーがパンの作り方ではなく、「パンとどう向き合っているか」について本を書くことは珍しいだろう。さらに田村さんは2018年から2年間、広島のラジオ局で毎週木曜日の午後3時間、ラジオのDJをしていたこともあるのだ。

また田村さんは、パン工房に無料で研修生を受け入れている。研修生を受け入れるに当たっては、有料にすべきかどうか悩んだそうだ。結局無料で受け入れることにしたのは、「研修生が、自分のパン作りを学んで、幸せなパン屋になって欲しい」という思いと、「研修生のネットワークを全国に持って、多くの情報が入ってくるようにしたい」という理由だった。

さらに今後は、移住先の里山で「パン作りアカデミー」のような形で運営していきたいという。田村さんが実践する「作り手よし」を全国に広めることは、パン屋の労働環境を改善しパンの廃棄が少なくなるので「未来よし」につながる。田村さんが試行錯誤の末にたどり着いた「非常識な」パン屋の経営メソッドは、「六方よし経営」に昇華している。

田村さんは2020年から週休3日を実行し、広島市と岡山県真庭市の蒜山との二拠点生活を始めた。蒜山を選んだのは自然環境が素晴らしいことに加えて、自然栽培の農産物を作っている「蒜山耕藝」の高谷夫妻や、蒜山と東京都杉並区で二拠点生活をする「オカズデザイン」の吉岡夫妻と知り合ったからである。田村さんは比較的状態がいい日本家屋を、譲ってもらえることになり、21年中には蒜山に、家族3人で移住する予定である。私も取材で訪れたが、蒜山の自宅予定地の周辺には小川が流れていて、里山の美しい風景が広がっていた。

取材の終わりに田村さんは、私にこう言った。「この集落には1年間に5、6回、お祭りがあるんですよ。僕は山伏の修行もしているので、そういう地元のお祭りが楽しみなんです」。

事例③

東日本大震災の被災地で、衰退産業の「六方よし経営」を実践

たかはしきもの工房

宮城県気仙沼市

代表 髙橋和江さん

「たかはしきもの工房」の髙橋和江さん。東日本大震災を乗り越え、事業を拡大

たかはしきもの工房の六方よし

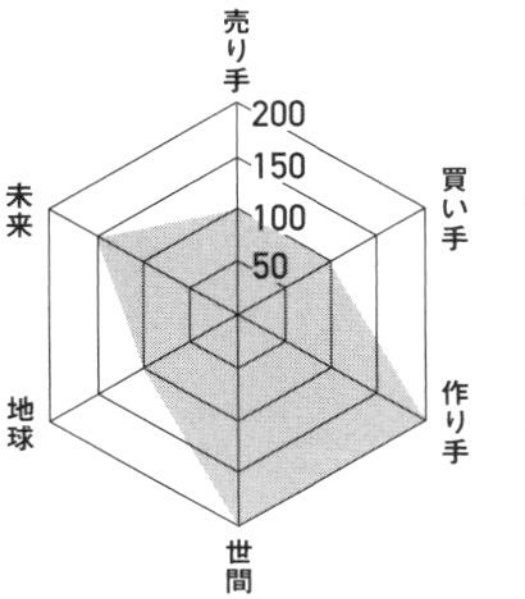

作り手よし 世間よし	東日本大震災後に縫製工場を取得し、地元の雇用を維持している。また縫製の外注の際、自社の製造原価と同じ価格を支払いフェアトレードを実践している
世間よし	津波でカルチャーセンターがなくなったため、店舗に和室や茶室を併設し、地元の人が和のお稽古事を楽しめるようにしている
未来よし	国内縫製の和装下着は価格が高くなるが、展示会やネット通販で消費者に直接詳しい説明をし、国内縫製を維持している

宮城県気仙沼市にある「たかはしきもの工房（有限会社たかはし）」は、東日本大震災で店舗が津波被害を受けたにもかかわらず、地元縫製工場を取得した。その後も画期的な新商品を開発し続けて、業績をV字回復した和装下着メーカーである。着物業界という衰退産業、「陸の孤島」とも言われる気仙沼、そして東日本大震災の津波被害を乗り越え、この10年間で売り上げを4倍以上にしている稀有な企業である。

髙橋和江さんは1959年生まれ。気仙沼は漁業と水産加工の町であるが、髙橋さんの両親は共に商家の家系で、石油会社に勤務するサラリーマンの父親と、「京染悉皆《しっかい》屋」を営む母親の間に次女として生まれた。

呉服店が着物を販売するのに対して、悉皆屋は着物を買ったあとに、クリーニングやさまざまな手入れを請け負う仕事をする。そうした専門業者は京都に集積しているので、全国各地の「京染悉皆屋」は、地元の顧客の細々とした要望を聞き、京都の悉皆屋に取り次ぐのが仕事である。

つまり京染悉皆屋とは、「着物に関するよろずコンサルティング業」である。髙橋さんの母親は、1967年に自宅の一室で「御誂《おあつら》え京染たかはし」を創業した。78年には店舗を構えて、お客とのつながりを大切にしながら商売の基盤をつくっていった。

常識破りの和装肌着を開発して、大ヒット

髙橋さんは高校時代、演劇部に属して役を演じる楽しさを知ったという。東京の大学に進んで演劇を学びたいと思ったが、それはかなわなかった。両親のすすめで仙台の経理専門学校に進んだが、経理には全く興味を持てなかったという。それでも何とか卒業し、仙台で会社勤めをしながら、アマチュア劇団で演劇を続けていた。姉が母親の店を継ぐ予定だったが、結婚のため、気仙沼を出ることになった。そこで次女だった髙橋さんが跡継ぎ候補となり、1983年から実家に戻って、京染悉皆屋の仕事を手伝い始めた。

着物は簡単に脱ぎ着ができないため、汗をかいてしまうことがある。お客は汗染みが付いた絹の着物を悉皆屋に持ち込み、1万円くらいかけてクリーニングをする。

髙橋さんは「絹の着物のクリーニングに1万円もかかるなら、着物を着る人が減ってしまうだろう。そもそも着物が汗で汚れないようにするのは、どうしたらいいのか」を考えるようになる。前述のように髙橋さんは演劇の経験があり、「演じている自分とは、別の自分を意識する」、能の言葉でいうところの客観的な視点「離見の見」を持っていたので、お客の立場で考えることができたのだ。

髙橋さんは、和装下着の開発で汗の問題を解決しようとした。スポーツウエアにも使われる

速乾性があるニット素材の防水布を、背中から膝裏までと脇下にも付けた画期的な商品、「満点スリップ」を2005年に開発した。着物業界では「和装肌着は汗を吸い取る綿に限る」とされていたため、常識破りの素材を使った「満点スリップ」に対して、デパートや呉服店からの反応は芳しくなかった。

そこで髙橋さんは着物愛好家に直接、商品の良さを訴えるために、2006年からインターネット通販を始め、ホームページで「満点スリップ」について詳しく説明した。「満点スリップ」はその後、着物雑誌にも紹介され、徐々に全国の着物ファンが買い始め、取り扱う呉服店も増えていった。業績は順調に伸びて年商は7000万円を超え、10年3月には代替わりして髙橋さんが社長となり、借金をして店舗を改装した。

2011年3月11日、東日本大震災のその日、髙橋さんは所用で京都にいた。気仙沼を15mの津波が襲い、火災が起こっている様子をテレビ報道で見て、人生で一番つらい一夜を過ごしたという。翌日に京都の長年の取引

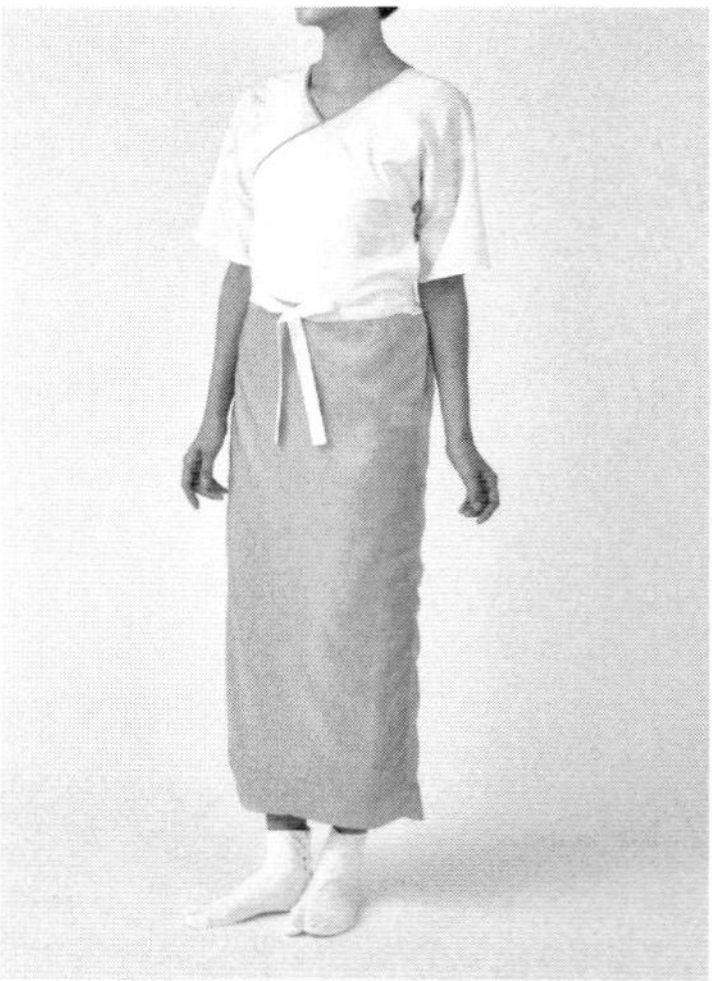

従来の綿ではなく、速乾性ニット素材を使った画期的な和装肌着

東日本大震災時、海岸から1.5kmも離れていた髙橋さんの店舗も甚大な被害を受けた

先が「帰りたいやろ」と言って、車で送ることを申し出てくれ、気仙沼に近い新幹線駅の一ノ関駅まで送ってくれた。そこに車を置いていた髙橋さんは、13日には気仙沼に戻ることができたという。

髙橋さんの店舗兼住宅は、海岸から1・5km離れた町中にあったが、店舗の1階部分が浸水していた。幸い住居の2階部分は被害を逃れていたため、髙橋さんは避難所ではなく自宅に住むことができた。

しかし店舗には、近くの水産会社から流れてきた1000匹くらいの腐った魚と、重油の泥に商品がまみれ、すさまじい臭いがしていた。店舗に流れ込んだ泥や腐った魚を、毎日息子と片づけていると、息子の友人たちや避難所にいた従業員たちも駆けつけ、片づけを手伝ってくれたという。髙橋さんは日々の生活や片づけに追われながら、「店舗が再開することは当分無理だろう」と考えていた。

震災で廃業が決まっていた縫製工場を再生

そして震災から2週間ほどしたある日、60代の女性が髙橋さんの店にやってきて、「お店はいつ再開しますか？ 洗ってほしい着物があるのです」と尋ねた。未曽有の大震災が起こり、もう当分は着物の商売はできないだろうと思っていた髙橋さんは、「お客様のこの一言で、『着物を洗うのが私の仕事なんだ』とスイッチが入りました」と語る。それからすぐに建設会社に連絡を取り、店舗を直すことを相談し、4月29日に店をなんとか再開することができた。

店を再開すると、「津波で汚れた着物を洗ってほしい」というお客が次々と訪れたという。中には汚れがひどい着物があり、髙橋さんは心を鬼にして「この着物は洗っても無駄だと思います」と伝えたこともあった。すると、そのお客は「元に戻らなくてもいいのです。大切な着物なのできれいに洗い、持っているだけでいい。捨てられないのです」と言ったという。

こうしたことから、「高価な着物だから大切にするのではなく、祖母の形見の着物、嫁に来たときに親が持たせてくれた思い出の着物だから大切にする」という着物に対するお客の深い思いを感じ取り、髙橋さんは事業の再起に前向きになっていった。

また従業員との関係も震災後に一変した。髙橋さんは震災後、従業員に給与を払うことができず、ハローワークに行き、休業補償を申請しようとした。するとハローワークの職員から、「休業補償は3カ月間だけです。従業員を解雇すれば、失業保険から6カ月以上の補償をすぐに受けられます。一旦従業員を会社都合で解雇し、事業を再建してから、また再雇用してはどうですか?」とすすめられる。理屈は分かるが、「解雇」という言葉が重かった。

髙橋さんは従業員に事情を話すと、「解雇してください。そして再開したら、また必ず雇用してくださいね」と言われた。そして解雇した後も、従業員たちは避難所から、店舗の片づけに通ってくれたという。

「震災前は、経営者である私と従業員たちとの間には、明確な垣根がありました。震災をきっかけに、私にとって従業員たちは『同志』となり、本当の意味で一体感を持つことができるようになったのです」と髙橋さんは語る。

6カ月後に、髙橋さんは従業員の再雇用を開始した。さらに2013年には、地元・気仙沼で廃業することになった縫製工場を、従業員ごと引き受けた。震災時に約5000万円の損害があり、工場の買収にはさらに約1000万円を借金することになるので、それこそ「清水の舞台から飛び降りるような思い」だったという。そこまでして髙橋さんが縫製工場を取得した理由は、「新商品の開発スピードを早めて、思い通りの商品を世に出したかった。そして気仙沼の雇用を守りたい」という気持ちからだった。

髙橋さんは自社工場を持つ一方で、意図的に一定量を外注している。外注を続ける理由は、災害時などにはリスクヘッジになり、急に注文が増加した場合にも、信頼できる外注先があると対応できるからである。

ただ実際に外注の見積もりを取ると、自社での製造原価よりも、安くなることがあるという。髙橋さんはそういう場合、相手から出された見積もり金額ではなく、あえて自社の製造原価と同じ金額で契約する。このことは、外注先に正当な金額を払う「フェアトレード」であり、「作り手よし」の典型例だ。こうしたことを続けることで、自社だけでなく外注先でも和装下着を国内縫製し続けられることになり、「世間よし」と「未来よし」にもつながるのである。

たかはしきもの工房の最初のヒット商品「満点スリップ」は、プロダクト・アウトの発想で開発した。その後は消費者の声に耳を傾けたマーケット・インの発想で、画期的な和装下着や、きもの専用ハンガーなど着物周りの便利グッズを開発していく。その結果、たかはしきもの工房のオリジナル商品は80を超え、価格は高くても品質の良さを分かってくれるお客が付き、全国の呉服店との取引も増えていった。

着物業界では問屋を通して、着物や和装小物を流通させることが慣例である。しかし髙橋さんは、「当社の商品は国内縫製のため、どうしても価格は高くなります。問屋を通すと、価格をさらに高く設定しなければなりません。ですから問屋を通さずに、全国の呉服店と直接取引をし、また個人のお客様に直販するインターネット通販にも力をいれています」と言う。

和装下着は海外縫製の安い製品が多い。国内縫製にこだわれば、価格は当然高くなる。髙橋さんが国内縫製にこだわる理由は、「日本国内に、和装下着を縫製できる会社があるべきだ」というシンプルな思いだ。これは着物文化を日本に残すことであり、「未来よし」である。

津波で流されてしまったコミュニティー施設も整備

髙橋さんは2014年に着物周りのお手入れの本、17年にリサイクル着物の本、翌18年に着物の補整術の本を出版したが、いずれも着物についての疑問や困りごとを解決するための本だ。こうした本を出版するたびに、全国の着物好きの間でたかはしきもの工房や、著者である髙橋さんの認知が高まり、商品の売り上げ拡大につながった。そして21年には4冊目の着物本と、今までの経営実践について詳述した5冊目の本『衰退産業でヒット商品を生み出す4つの法則』（幻冬舎）を出版している。

2011年3月の津波被害から10年、たかはしきもの工房（有限会社たかはし）は「陸の孤

休耕田だった土地に、縫製工場、倉庫・事務所棟、集会場、店舗と茶室を造った

島」と言われる気仙沼にありながら、次々とオリジナル商品を開発し、国内縫製にこだわる和装下着メーカーとなった。この間、髙橋さんは本を5冊も出版して、全国の着物ファンや呉服店から絶大な支持を得ている。売り上げも震災前の約7000万円から約4倍となった。そして21年1月には、第7回ホワイト企業大賞の特別賞「心を一つに。感動を届けるものづくり賞」を受賞している。

東日本大震災から10年の節目に、髙橋さんは「人に言えないくらいの大借金」をして、2021年4月に新社屋を、気仙沼市の郊外にオープンした。休耕田を整地した広い敷地には、縫製工場と倉庫・事務所棟、笑顔の集会場（内職の人たちの作業場や休憩所）、店舗と茶室の4棟が建っている。

高橋さんは、「今までは縫製工場と店舗が離れていて、コミュニケーションがうまくいかなかったりしました。また商品在庫も多くなってきたので、倉庫と事務所を一体化して、効率的に業務を行えるようにしました」と言う。店舗には本格的な茶室も設置し、また催事ができる和室もある。そこでは地域の人たちが、和裁や琴などの「和のお稽古」ができるようになっている。

「津波で気仙沼にはカルチャーセンターがなくなってしまいましたので、地域の人たちがこの場所で、和のお稽古を楽しんでいただければと思います。まだ空き地があるので、近い将来にカフェを開けたらと思っています」と高橋さんは語る。

たかはしきもの工房の新社屋は、気仙沼への地域貢献の場であり、また全国の着物ファンが訪れる気仙沼の新名所となるだろう。この新社屋の存在は、「世間よし」そのものである。

六方よしの原点 ＃1

思い出の着物をアップサイクルして日傘にする

ａｔｅｌｉｅｒ すずきの洋傘

着物は日本人の心であり、未来につなげていきたい大切な文化である。「たかはしきもの工房」の事例では、津波にあった気仙沼の人たちの「着物はただの布ではなく、思い出が込められた大切なもの」という思いが、高橋さんを店の再起へと奮い立たせた。同様に大切な思い出の着物を、日傘に作り替えている事例がある。使わなくなった着物を日傘にリメイクすることは、元の価値をさらに高める「アップサイクル」と呼ばれる手法であり、ここにも「六方よし」の原点を見ることができる。

『七緒』という着物雑誌がある。そこで「着物のリメイク」が特集されたことがあり、着物から日傘を作る「ａｔｅｌｉｅｒ すずきの洋傘」が紹介されていた。その記事では「傘職人として70年余り仕事をした亡き母から受け継いだ」とあった。

一人の女性が傘職人として70年余りも働いたことに興味を持ち、岐阜県海津市にある「ａｔｅｌｉｅｒ すずきの洋傘」を取材することにした。偶然にも、第4章の地域起業事例の「ハリヨの柿酢」の伊藤さんと同じ海津市にある。

教えてもらった住所に到着すると、「ａｔｅｌｉｅｒ すずきの洋傘」の青い看板があったが、オフィスの建物には「ハンググライダー」のポスターが貼ってあり、場所を間違えたかと思った。「着物をリメイクした日傘」と「大空を飛ぶハンググライダー」が結び付かなかったのだ。理由は後述するが、そのオフィスで間違いなかったのである。

「傘職人として70年余り仕事をした」女性は、鎌田智子さんで1930年生まれ。東京都出身だが戦前に父親の仕事の関係で旧満州に渡り、15歳まで家族6人で平和に暮らしていた。

1945年8月15日以降、満州から家族で日本に逃げ帰り、親戚がいる東京・吉祥寺に住むことになった。鎌田さんは16歳から近所の傘工場に勤めたが、もともと手先が器用であったため、技術をどんどん習得していった。当時、洋傘は飛ぶように売れている時代で、鎌田さんはさらに技術を磨くために、両国の傘職人に弟子入りし7年間働く。その後、23歳で独立して三鷹に店を構え、結婚後も仕事を続けて、二女の育児と両立しながら働いたという。

思い出の着物1枚から、異なるデザインの日傘2本をアップサイクルできる

1ドル360円だった高度成長期の1965年、日本の洋傘は生産量世界一（4320万本）、消費量世界一（3240万本）、輸出量世界一（1028万本）の三冠を達成する。

しかし1971年のニクソンショックで変動相場制となり、円高となって輸出は激減、その一方で台湾や中国からの輸入が増えた。傘も使い捨てのビニール傘がコンビニで数百円で売られるようになり、職人が作る高価な洋傘の需要は減退していった。

身を清めてから着物にハサミ

そんな中、鎌田さんは知り合いの

婦人服メーカーの社長がパリに行くのに同行して、1988年に初めてパリの地を踏み、傘の工房を見て回った。また2000年には夫婦でパリに行き傘の工房を数軒訪れ、パリの成熟した傘文化を経験する。この2回のパリ旅行は、傘職人の鎌田さんにとって「越境学習」の機会であったのだろう。

パリから帰国後、鎌田さんは若い頃、母親が作ってくれた着物をほどいて日傘を作ってみた。よくできたので店に飾っていたところ、お客がどうしても買いたいと言うので売ってしまう。そして着物で作られた日傘を見て、「自分も作ってほしい」というお客が次々と現れた。さらにメディアでも頻繁に紹介されるようになり、鎌田さんは5年間で1000本以上、着物から日傘を作った。

鎌田さんのところに届く着物は、亡くなった祖母や母の着物などで、着物にまつわる思い出が書かれたメモが添えられていることが多かった。そうした着物に込められた思いを受け止め、職人気質の鎌田さんは毎朝、身を清めてから着物にハサミを入れていたという。

2006年9月、NHKの「にんげんドキュメント 日傘こころ模様」で鎌田さんの傘職人としての人生や、家族の思いが込もった着物をリメイクして日傘にすることが放映された。NHKには問い合わせの電話が、1週間で750件も来るほど大きな反響を呼んだという。その番組では、毎晩遅くまで着物から日傘作りをしている76歳の鎌田さんが、笑顔でこう語っている。

「幸せです。もう最高ですよ。（中略）『神様、私に（1日）48時間ください』って思うんですよ」

着物を日傘にリメイクすることで、再び傘職人として充実した日々を送っていたが、2008年に鎌田さんは体調を崩す。それからは仕事のペースを落とし18年には三鷹の店を閉めて、次女の樹子《みきこ》さん夫妻が住む岐阜県海津市に近い、大垣市の施設に引っ越し、そこで翌19年の大みそかに89歳で亡くなった。

次女の樹子さんは1963年生まれ。ハンググライダーの道に進み、日本を代表するトップパイロットの鈴木博司さんと結婚した。そして97年にハンググライダーの販売代理店を夫婦で起業した。博司さんが三重県いなべ市出身だったので、その近くの岐阜県海津市に、中古住宅を見つけ移住した。

「大空を飛ぶハンググライダー」と「着物をリメイクした日傘」は全く結び付かなかったが、ハンググライダーはアルミ合金のフレームに三角形の布を縫い付けるので、8枚の三角形の布を縫い合わせ骨組みに縫い付ける日傘作りと、作業は共通するところが多い。

2018年に鈴木さん夫妻は、母の鎌田智子さんの思いを受け継いで、「atelier すずきの洋傘」を新たにスタートした。手先の器用な博司さんが日傘の縫製をし、樹子さんはデザインを担当して、ハンググライダー関連の事業と共に「複業」している。

atelier すずきの洋傘には、全国から日傘にリメイクするための着物が届くが、鎌田さんが作った日傘の修理依頼もあり、「このような形で亡き母が作った傘に出合え、感慨深いです」と樹子さんは語る。

亡くなった祖母や母の着物を日傘にした人たちは、「日傘を差していると、亡くなった人と一緒にいるような気がし、守られている感じがする」という。思い出の着物を日傘に「アップサイクル」することには、家族の記憶や大切にしたい思いが込められている。

2度の「越境学習」で、事業と地域を活性化する「六方よし経営」を展開

株式会社フロービス　広島県竹原市

「フロービス」の福本博之さん。家業を大きくするだけでなく、次々に新規事業を開始

代表取締役　**福本博之**さん

フロービスの六方よし

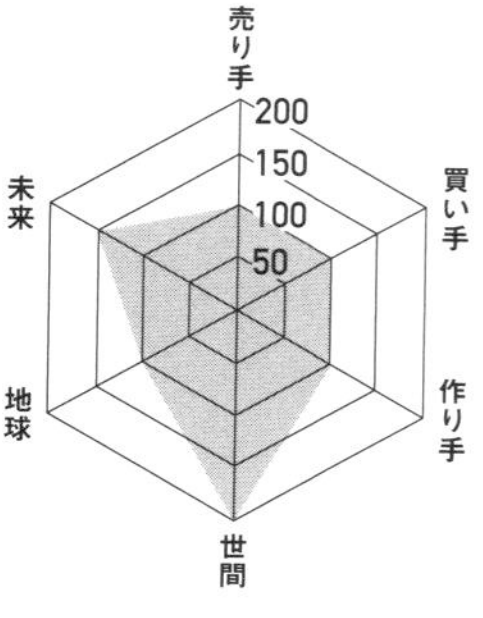

世間よし	「越境学習」を経て地元に戻り、家業を継いで経営改革を推進した。社会人MBAという第二の「越境学習」を経て、多彩な地域活性化事業をしている
未来よし	都会のサラリーマンがUターンし、地域資源に「価値の発見」をして、家業や地域文化を未来をつないでいる

東京の大手メーカーでマーケティングの仕事をしていた福本博之さんは、父親の病気がきっかけで、2009年3月に広島県竹原市にUターン移住し、家業の「有限会社竹原葬祭」を承継した。大学進学や東京での就職といった「越境学習」を終えて故郷に戻ると、竹原市は地域資源が多く、地域活性化の志を同じくする人々がいる魅力的な町であることに気づいたという。

福本博之さんは1976年生まれ。実家はもともと家具店を経営していたが、91年に福本さんの父親が地元の葬祭業を承継し、「有限会社竹原葬祭」を創業した。

福本さんは地元の中学には通わずに、広島県福山市にある中高一貫校に通い、関西学院大学総合政策学部に進学した。卒業後はクラリオン株式会社（当時）に就職して東京で仕事をしていた。主にマーケティングを担当して、ブランド構築やウェブサイト戦略に関わり、会社全体の経営戦略を俯瞰する機会に恵まれた。また勤務先は世界中に事業所を展開していたため、出張で海外に行く機会も多かったという。

仕事も順調で結婚して一女に恵まれていた2009年1月、父親が脳梗塞で倒れて入院した。医師から「回復しても半身不随となる可能性が高い」と告げられた福本さんは、竹原にUターンして家業を継ぐことを決心する。東京出身の妻も帰郷に賛成してくれたので、会社に退職届を出し、3月末にUターンすることにしたが、父親の病状は急変しその年の2月末に亡くなった。

当時の竹原葬祭は、家族社員3人とパート社員2人で運営しており、社長である父親が切り盛りしていた。竹原市で初の葬祭専用会館を2002年に新設していたが、福本さんが事業承継した09年には借入金をほとんど返済しており、会社は黒字経営だった。

しかし父親だけが経営情報を把握し、顧客データも業務マニュアルも全くない状態だった。父親の急逝で業務の引き継ぎができないままに家業を継いだ福本さんは、母親やパート従業員から業務内容を聞きながら、少しずつ仕事を覚えていったという。

家業を積極的に拡大、町おこしの事業も次々に仕掛ける

葬祭業は24時間365日営業で、いつ依頼の電話がかかってくるか分からない仕事だ。福本さんは、「父はそうした仕事を独りで担っていたために、無理がたたったのではないかと思います」と語る。

そこで福本さんは、複数の社員で業務を担当できるように、社内体制を整えた。また葬祭業には、積極的に営業活動をしにくいという側面がある。福本さんの父親は地域のさまざまな活動に関わり、ネットワークを築いて、地元の人々の信頼を得ていた。家業を継いだ福本さんも、

古民家を再生した少人数向きの斎場。住宅街にあるため、開設時に周辺住民の理解をしっかりと得た

子供のPTA活動や商工会議所やロータリークラブの活動に参加し、積極的に地域貢献をして信頼を得るように努めた。

竹原葬祭は、前述のように100人規模の葬儀会館を所有していたが、参列者が20人程度の葬儀には、効率が悪い状態だった。

そこで福本さんは2009年秋に、福本家がもともと所有していた築120年の古民家を、少人数の葬儀ができる斎場に再生した。この古民家を再生した斎場は、親族だけで故人とゆっくりと過ごすことができることから人気となり、使用頻度も高く年商の約25%を占めている。

また福本さんは、2014年に葬儀会館を400人規模まで対応できるように増築・リニューアルした。ゼロから覚えていった家業だったが、福本さんの経営努力が実り、事業承継時の年商約8000万円は、今では1億円を超えるようになっている。

ここで注意しなければならないのは、「古民家を再生した斎場」は、その土地に代々住んでいた福本さんだからできたということである。

この斎場は住宅街にあるごく普通の古民家で、私は取材の際、「近所の人は、この家を斎場とすることに反対しませんでしたか？」と思わず聞いたほどである。福本さんによると「古民家を斎場とする際には、ご近所の方々にきちんと挨拶回りをしてご理解いただきました。また会社として地区の祭りに寄付をし、夜が暗い地区なので街路灯を設けるなど、できる限りの地域貢献を心がけています」とのことだ。そうした細かい配慮は、地域密着型の葬祭業には不可欠であり、また「世間よし」で事業を継続するためにも必要なことだ。

そして2016年、福本さんに転機が訪れる。県立広島大学が社会人MBAコースを新設し、そこで最新の経営の知識だけでなく「地域活性化」や「中小企業経営」も学べることが分かり、福本さんはMBAを取得することを決意する。

このMBAコースは平日の夜と土曜日に授業があり、竹原市から広島市のキャンパスまでは車で約1時間かかる。仕事と家庭そして地域活動に加えて、広島市のMBAコースで学ぶことは本当に大変で、福本さんは「その2年間はもう思い出したくもない、二度としたくないと思うほど過酷な日々でした」と述懐する。それでも社会人学生として、同じ志を持つ広島の経営者たちと学ぶ経験は、何物にも代えがたい財産になったという。

さらに2016年9月から、地域おこしの「株式会社いいね竹原」の活動が始まった。この会社は竹原市と竹原商工会議所が出資し、道の駅と海の駅の運営受託や、空き家再生事業を手がけている。福本さんは地元の経営者と一緒にいいね竹原の取締役となった。社会人MBAコースと同時期であったが、いいね竹原の活動は、月に1回程度の会合やランチタイムの打ち合わせなどで、数人で手分けして行ったため、なんとか両立できたという。

いいね竹原が手がけた空き家再生事業は、竹原市の町並み保存地区に「NIPPONIA HOTEL 竹原　製塩町」を2019年8月に開業することにつながった。また福本さんは会社に隣接する古民家を購入し、そこを「泊まれるコワーキングスペースKATARIVA」として移住希望者の宿泊施設にしている。このように2016年からの3年間、福本さんは多忙を極める毎日を送っていた。

地元のMBAコースで得た人脈やマネジメント力が生きた

福本さんは社会人MBAという「第二の越境学習」をしたことによって、経営の知識だけで

竹原市郊外で、古民家カフェやグランピング事業も始めた

なく広島県全体に人脈ができ、また仕事を人に任せながら、マルチタスクをこなす能力を身に付けた。そしてMBA取得後の2018年からは、さらに新規事業にチャレンジし、地域での活動の幅を広げる。

まず18年4月に、有限会社竹原葬祭を「フロービス株式会社」に組織変更した。社名は英語で「花咲く、繁栄する」という意味のflourishとbusinessを組み合わせたものである。

葬祭業は引き続き竹原葬祭の名前で営業しているが、地域でさまざまなビジネスを展開していくために、社名を変更したのである。例えば竹原市にはドローンで空撮をする会社がなかったので、福本さんはドローン撮影事業に新規参入した。さらに竹原市の里山エリア、仁賀《にか》町にある古民家カフェを、前オーナーから事業承継して運営している。その古民家カフェには、グランピング（サービス付きの高級キャンプ）ができる施設やキッチンカーを設置した。

また仲間と一緒に「たけはらパドルスポーツ協会」を立ち上げ、シーカヤックやSUP（スタンドアップパドルボード）といったマリンスポーツ事業も始めるなど、地域活性化に必要な新しい事業に、次々とチャレンジしている。このように福本さんは、家業に加えて地域活性化の事業に積極的に取り組み、まさに「世間よし」を実践している。

「竹原市は人口約2万5000人、毎年約500人ずつ人口は減っていいます。でも竹原市は、他にはないキラーコンテンツに溢れているんですよ」と福本さんは笑顔で語る。

かつて塩田で栄えた竹原市には、重厚な歴史的建造物も数多く残っており、「安芸の小京都」と呼ばれている。竹原市の「町並み保存地区」には、NHK連続テレビ小説『マッサン』のモデルとなったニッカウヰスキーの創業者、竹鶴政孝の生家「竹鶴酒造」があり、大林宣彦監督の映画『時をかける少女』の有名なシーンに出てくる胡堂《えびすどう》もある。また野生のうさぎ900匹以上が生息し「ウサギ島」として知られる大久野島は竹原市にあり、瀬戸内海の多島美も楽しめる。竹原市は広島空港から車で30分ほどの距離であり、実は東京からのアクセスがいいのだ。

安芸の小京都と呼ばれる竹原市には観光資源が多く、町おこしのポテンシャルがある

野生のウサギが住む、通称「ウサギ島」の大久野島も竹原市内にある

「私が竹原を出たときは、『竹原には産業も資源も将来性も何もない』と思っていました。確かにずっと竹原に居続けたら、竹原の魅力に気づくこともなかったと思います。中学から数えると合計20年間、竹原を離れましたが、その間に培った知識や経験、ネットワークが今の活動に活きていると思います。だから自分の子供だけでなく地元の子供たちにも、できれば外に出て経験を積むことをすすめています」

こう語る福本さんは、二度の「越境学習」を経て、故郷の竹原で「価値の発見」をし、地域資源や地域文化を「地産地承」して、それらを未来につなげる「未来よし」を実践している。福本さんの事例は、都会のサラリーマンがUターンし事業承継したモデルケースといえる。

前掛けの技術と文化を継承したベンチャー企業の「六方よし経営」

有限会社エニシング　東京都港区

代表取締役　西村和弘さん

エニシングは、廃れかけていた前掛け文化を再生し、未来につなげている

エニシングの六方よし

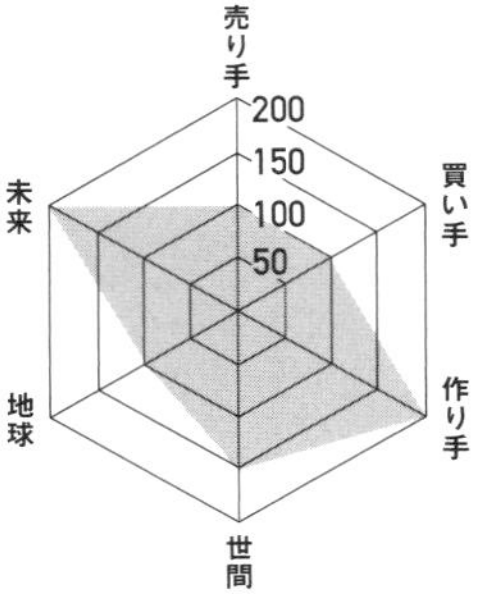

作り手よし 未来よし	廃業予定だった前掛けの織物工場を承継し、織機と技術を未来につなげている
世間よし	豊橋に新しく工場を設立し、多くの人が訪れる場所にしている
未来よし	前掛けを日本だけでなく世界でも販売し、前掛け文化を未来につなげている

かつて酒屋や米屋、味噌屋など重い荷物を運ぶ人は、紺地に白文字で店名を染め抜いた前掛けをしていた。前掛けは日本の伝統的な仕事着であり、汚れやけがから身を守るだけでなく、骨盤を引き締めて重労働から腰を守り、さらに店や商品のPRをするという3つの機能を持っている。前掛けの帆布を織る工場は、需要減退と高齢化のため、後継者難で廃業予定だった。西村和弘さんは織物工場の機械と技術を承継し、「オーダーメイドの前掛け」を1枚から製作して市場を拡大、前掛けを世界にそして未来につなげている。

西村和弘さんは広島県広島市出身で1973年生まれ。西村さんの一族は、戦前に広島で工場を経営し、米国に移民した人もいたという。父親も脱サラして、住宅関係の仕事を起業しており、西村さんに対して「鶏口となるも牛後となるなかれ（大きな集団で人の後にいるよりも、小さなところでリーダーになるほうが良い、の意）」と、いつも言っていたそうだ。

西村さんは長男だったが、父親の仕事を継がず、高校まで広島市で過ごしたのちに、中央大学商学部に進学した。在学中には米カルフォルニア州にある大学に1年間留学して視野を広めた。

大学卒業後は江崎グリコ株式会社に入社し、アイスクリームを量販店に営業する仕事を5

年間経験する。そして2000年11月には会社を辞めて、地元の商工会議所が主催した「創業塾」に3カ月通って、起業に必要な知識を学び、「漢字Tシャツを企画販売する」ビジネスプランを立てた。

西村さんが漢字Tシャツをビジネスに選んだ理由は、「日本文化を世界に発信するビジネスをしたかったから」だ。西村さんの名前「和弘」は、「和を弘《ひろ》める」という意味で名づけられたという。そして会社のミッションを「人と人との縁《えにし》をつないでいく(ing)ことで、社会に役立つ仕事をしたい」とし、その2つの言葉「縁《えにし》+ing」をつなぎ、英語のanything にもかけて、会社名を「有限会社エニシング」とした。

西村さんは2001年から漢字Tシャツの企画販売を開始したが、Tシャツにプリントする漢字をメッセージ性の強いものにしたり、また全国のファッションビル「パルコ」で漢字Tシャツ展を開催したりして、精力的にビジネスを展開していった。翌02年には「サッカーワールドカップ日韓大会」があり、海外からの観光客に漢字Tシャツはよく売れたという。

前掛け製造にブルーオーシャンを見いだす

そんな中で、西村さんは商品ラインを増やそうと、「御社のロゴを印刷した『オーダーメイドの前掛け』を作ります」というサービスを開始した。

西村さんはこの時、特に前掛けに思い入れはなかったが、ホームページに掲載するとすぐに電話注文が数件あり、オーダーメイドの前掛けの販売に手応えを感じた。さらにある組合から200枚単位のオーダーメイドの前掛けの注文があり、前掛けの在庫を業者に問い合わせたところ、「200枚もの在庫はない」と言われた。それでも社員総出で各地を回り、なんとか200枚の前掛けをかき集めてプリントし、無事納品することができた。

このことをきっかけに西村さんは前掛けに興味を持ち、前掛けの帆布の製造が、一体どこで行われているか調べたが、産地の情報が全く分からなかった。取引があった繊維関係の組合長に頼んでも、産地は判明しなかったという。そのうち知人からの情報で、愛知県豊橋市に前掛けの織物工場があることが分かり、工場のオーナーのHさんに連絡した。すると「一度、豊橋に遊びに来ないか」と誘われ、2005年に西村さんは社員と一緒に、工場見学に出かけた。

豊橋にある前掛けの織物工場では、トヨタ自動車株式会社の源流である豊田自動織機が100年以上前に製造した織機を、当時も現役で使っていた。

オーナーのHさんはその当時50代後半だったが、前掛けの染めや縫製の職人はいずれも70代後半だった。染めの職人はいかにも職人気質の人で、見学していてもそっけない感じだったが、「最近、東京から珍しい注文がある」と言うので型紙を見せてもらうと、その注文は西村さんの会社が発注したものだった。そこから打ち解けて話をしたが、「この先、前掛けの需要は見込めず、自分たちの代でこの仕事は終わるだろう。今後は漢字Tシャツに専念したほうがいい」と職人たちから忠告されたという。

かつて前掛けの職人たちは、500枚単位で仕事を受けていたが、時代と共に仕事は減る一方だった。豊橋は日本一の前掛けの産地であったが、その生産技術は消えていこうとしていた。帰りの新幹線の中で、西村さんは同行した社員と「このまま前掛けの製造技術が途絶えていくのを、見過ごしていいものだろうか。豊橋の人たちが前掛けの製造を続けられないなら、自分たちが承継していくべきではないか」と話し合ったという。

前掛けはライバルがほとんどいないブルーオーシャン（未開拓の市場）である。また前掛けは日本の伝統的な仕事着であり、海外でも売れるのではという見込みがあった。「Tシャツは誰でもできるし、いずれユニクロのような大手アパレル会社が、低価格で参入してくるだろう」とにらんでいた西村さんは、「オーダーメイドの前掛け」の企画・販売に注力することにする。

オーダーメイドの前掛けに注力することを決めたものの、最初は月に10枚くらいしか売れなかった。そんな中、たまたまスポーツ新聞で前掛けのことが小さく紹介されると、その記事を見た東急ハンズのバイヤーが西村さんの事務所を訪ねてきて、それから東急ハンズへの納品が

前掛けの文化発信のきっかけとなったニューヨークでの展示会で記念撮影

始まった。またフジテレビの「めざましテレビ」で前掛けのことが紹介されると、1日で約200万円分の注文が来たという。

　こうしたメディア紹介などでビジネスが軌道に乗り、資金的に余裕ができた西村さんは「ニューヨークで前掛けを売ること」を計画する。西村さんがニューヨークを選んだ理由は「最も手ごわそうなところだったから」だ。西村さんがニューヨークにある日本食の専門商社や日本関係の店舗などに飛び込み営業をすると、ニューヨークの紀伊国屋書店から「2009年9月にギャラリーの予定が空いているから、前掛けの展示会をしないか」という想定外のオファーがあった。このことは前掛けの文化発信にとって、最高の機会となった。

廃業予定の職人から織機と技術を受け継いだ

　さらに思いがけない縁がつながる。

西村さんは通販を利用した1000人ほどの顧客に、前掛けに関するメールマガジンを配信していた。ある時、「当社は豊田自動織機の創業者、豊田佐吉（トヨタ自動車の豊田章男社長の曽祖父）が設計した織機で、織られた帆布を使っています」という記事を織機の写真と共に配信したところ、たまたまメールマガジンの読者に、豊田自動織機の広報部に勤めている人がいた。その人の紹介で、前掛けのことが豊田自動織機の広報誌に掲載された。

そしてその記事がトヨタ自動車の関係者の目に留まり、トヨタ自動車から前掛けの注文が来たのだ。さらにトヨタ産業技術記念館からも注文があり、その後もトヨタ自動車の工場で、西村さんが前掛け事業について講演するなど、トヨタとの縁が続いている。

「豊田自動織機」の縁で、トヨタ産業技術記念館で販売されたオリジナルの前掛け

「前掛けを通じて、いろんなご縁がどんどん広がっていきます。前掛けには長い歴史があり、日本の文化や社会と深くつながっているので、こうしたありがたいご縁につながっていると思います」と西村さんは語る。

また西村さんは織物工場のHさんから織機

エニシングの前掛け工場。100年以上使われてきた織機が今も現役で稼働

を受け継ぎ、2019年に豊橋に工場を新設したが、事業承継と工場設立のプロセスでは、かなり苦労したという。

西村さんは前掛けの帆布を織る技術を継承するために、2013年からHさんの織物工場に、社員を派遣していた。社員が生地の製造技術を学び、本格的な前掛けの生産体制を整えることで、より競争力を高められると考えたからだ。

そのうちHさんから「廃業を考えている」という相談を受け、Hさんが所有する織機8台の譲渡交渉が始まった。しかし交渉はなかなかまとまらず、西村さんも社員たちも「これからは前掛けの帆布が、作れないのではないか」という危機感を持った時期があったという。

また西村さんは2017年から豊橋周辺で工場用地を探し始め、廃校となった小学校など100カ所近く見て回った。10月になって東海道新幹線脇の土地を紹介され、駅にも近く川沿いで雰囲気がいいその土地を購入して、工場を建てることがやっと決まった。工場は温かみのある木造建築にし、友人の設計士と何度もイメージや用途を打ち合わせた。18年11月から基礎工事が始まり、翌19年6月には新工場での生産がスタートした。このように、廃業予定の職人から、織機と技術が有限会社エニシングに継承され、「作り手よし」と「未来よし」が実現した。

ロンドンやパリでも展示会を開催

こうして有限会社エニシングは、前掛けの企画販売だけでなく、帆布の製造もすることになった。年商は順調に伸びて1億円を超えたが、工場新設で借り入れも大幅に増えた。西村さんは「工場新設は未来に向けて、かけがえのない投資だと思っています」と語る。

100年以上前に製造された織機を今でも使うことは、単に「伝統を守る」というだけのことではない。古い織機は現代の大量生産には向かないが、少量多品種の生産には、むしろ向いているのだ。さらに「TOYOTA」ブランドの織機で織った帆布は、高品質のイメージにつながり、海外の販売でも大きなメリットになる。

前掛けの海外展開に話を戻すと、2009年のニューヨーク紀伊国屋書店での展示会をきっかけに、12年まで毎年ニューヨークで展示会を開催した。また17年にロンドンの大英博物館で開催された葛飾北斎の企画展「Hokusai beyond the Great Wave」で、浮世絵をプリントした前掛けが販売された。

2020年1月にはパリでも展示会を開催したが、それ以降はコロナ禍で海外での展示会はできなくなった。その代わりに西村さんは、21年1月から海外向けの通販サイトを新設している。このようにいろいろな縁をつないで、日本の伝統的な仕事着である前掛けは、世界にも未来にもつながり、「未来よし」が実現している。

豊橋駅から東海道本線で東京方面に1駅行くと二川駅で、そこから徒歩5分で、エニシングの新工場に着く。二川は東海道33番目の宿場町で二川宿本陣資料館があるが、東海道で本陣の建物が今でも残っているのは、二川宿と草津宿の2つだけとのことだ。

西村さんは、「駅から徒歩5分の立地を選んだのは、多くの方に二川の工場に来てほしいと思ったからです」と語る。今後は工場に隣接する土地に、ラボやギャラリーショップを設けて、工場見学や染めの体験講座を開催していく予定である。エニシングの前掛け工場は、さらに地域の活性化にも貢献して、「世間よし」となるだろう。

今後は工場の隣接地に、ラボやギャラリーショップを設けて、工場見学や染めの体験講座を開催していく予定(写真中央が西村さん)

西村さんが漢字Tシャツから前掛けに事業をシフトしなければ、前掛けの存在も製造技術も、この世から消えていたかもしれない。西村さんの挑戦は、日本の伝統工芸や地場産業の第三者事業承継例として、大変興味深い事例である。

第3章

社会課題を解決する「六方よし経営」

4事例

事例⑥　学生服リユースショップ「さくらや」香川県高松市

事例⑦　ジーエルイー合同会社 株式会社マナティ 沖縄県那覇市

事例⑧　株式会社ヘラルボニー 岩手県盛岡市

事例⑨　株式会社オマツリジャパン 東京都渋谷区

環境・福祉・文化における社会課題を解決するために社会的起業をしても、継続的に収益を得るビジネスモデルを確立することは容易ではない。そのため社会的起業は、補助金を受けやすいNPO法人で活動するという方法が一般的だ。

この章では、自分が実際に経験したり感じたりした社会課題の解決のために、企業として持続可能なビジネスモデルを確立している社会的起業の4事例を取り上げる。

ミッションに共感する人たちを集め、事業を多方面に展開

最初の事例、香川県高松市の馬場加奈子さんは、経済的に苦境にある家庭を中心に強い需要はあるが、ビジネスとして成り立ちにくい学生服のリユースショップ「さくらや」を開業した。そして「小資本で開業でき、短時間営業で経営しやすい」ビジネスモデルを確立し、全国展開している。学生服のリユースショップは「買い手よし」「売り手よし」であり、また環境と福祉の社会課題の解決でもあり「地球よし」「未来よし」にもつながっている。

沖縄県那覇市のジーエルイー合同会社と株式会社マナティの代表を務める金城由希乃さんは、Uターンして環境問題に目覚め、「サンゴに優しい日焼け止め」を開発した。さらに500円で誰もが参加しやすい「ビーチクリーン活動」も始めた。環境に優しい「モノ消費」だけでな

く、環境を守る「コト消費」を創出し、「世間よし」「地球よし」「未来よし」の環境ビジネスを実現している。

岩手県盛岡市の「ヘラルボニー」を経営する双子の兄弟、松田崇弥《たかや》さんと松田文登《ふみと》さんは、障害のある4歳上の兄の存在をきっかけに、福祉の領域を社会の多様な場面に広げる「福祉実験ユニット」を株式会社で経営している。障害のあるアーティストの作品を高級ネクタイにしたり、工事現場の仮囲いに展示し「ソーシャル美術館」にしたりして、「作り手よし」を実践している。さらにすべての人が生きやすい社会をつくろうとしており、「世間よし」「未来よし」にも貢献している。

東京都新宿区の「オマツリジャパン」の加藤優子さんは、日本全国のお祭りをサポートするベンチャーを起業した。経営理念に共感する社員やサポーターを集めて、「自治体や企業から予算をもらう」ビジネスモデルの確立に成功している。日本のお祭り文化を未来に継続しており、「世間よし」「未来よし」を実践している。

いずれの事例も、ミッションに共感する人たちを広く集め、事業を多方面に展開して収益を確保し、環境、福祉、文化という分野で「六方よし経営」を実践しているのだ。

自分の困り事をビジネスモデル化し、全国に展開している「六方よし経営」

学生服リユースショップ「さくらや」

香川県高松市

創業者 馬場加奈子さん

学生服のリユースショップを全国展開している馬場加奈子さん

さくらやの六方よし

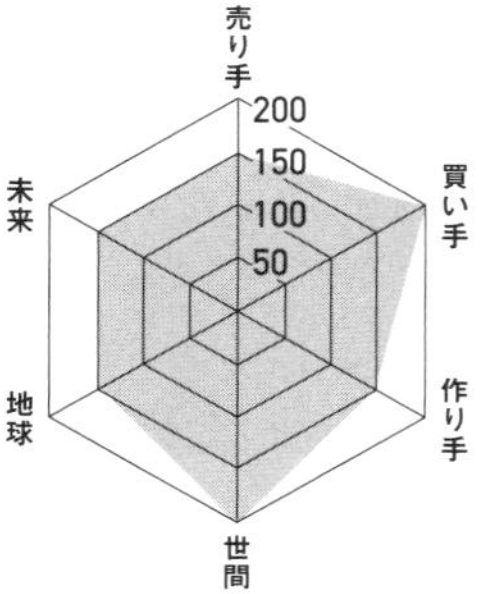

買い手よし	経済的に苦境にある家庭や子供が多い家庭を中心に強いニーズがある「学生服リユースショップ」をビジネスモデル化して全国に展開している
作り手よし 世間よし	リユース体操服の洗濯を障害者就労支援施設に、体操服の刺繍取りを近所のおばちゃんたちに依頼して、地域の多様な人々に働く場を提供している
地球よし 未来よし	学生服のリサイクルという循環型ビジネスを創出し、子供の貧困問題の解消にも貢献している

シングルマザーで3児を育てていた馬場加奈子さんは、小学6年生の次女から「学生服がきつくなったので買ってほしい」と言われたが、毎年1万4000円もする新品の学生服を買うことに困惑した経験がある。母親同士のつながりがあれば、お下がりをもらうことも可能だが、働いていた馬場さんにはそういうコミュニティーがなかった。「同じように困っている人がいるに違いない」と考えた馬場さんは、「学生服リユースショップ」を2011年から開始した。女性が働きやすい短時間労働のビジネスモデルを確立し、15年からは全国に展開している。

馬場加奈子さんは香川県高松市出身で、1971年生まれ。父親は消防士で母親は保育士だったが、馬場さんが小学生の時に、中古車の販売店を開業した。両親は夜遅くまで仕事をし、馬場さんは寂しい思いをすることもあったが、学校の長期休暇はお店で過ごして、両親が生き生きと働く姿を身近で見てきた。「まずお客様が喜ぶことを考えて実行する、売り上げや利益はその後についてくる」と両親はよく口にしていたという。

馬場さんは中学校から陸上部に入り、砲丸投げの選手として活躍し、高校時代は香川県代表としてインターハイにも出場した。その後、東京女子体育大学に進学し、4年生の時はグループのリーダーとなることも経験した。

大学卒業後は高松市に戻って地元の会社に就職、そこで出会った男性と結婚して退職した。

3児に恵まれたが、一番上の長女の明日香さんに知的障害があったことで夫婦の間で溝が生じ、馬場さんは離婚して3人の子供を育てることになる。その際に「ハンディがある長女は、将来、就職に困ることがあるだろう。私が会社を経営していれば、そこで働ける。長女が養護学校に入る12歳までに起業する」という目標を立てた。

そして「起業する前に、できるだけ多くの経営者に会いたい」ことと、「女性でも頑張った分だけ、収入が得られる」という理由で、中小企業の経営者を対象とする生命保険会社の営業職に就いた。

しかし現実は厳しく、馬場さんはなかなか営業成績を上げることができなかった。障害のある長女、反抗期に入った次女、まだ幼い長男という3児を抱えながら、シングルマザーが働くのは並大抵のことではない。電気やガスの料金が支払えずに止められたこともあったそうだ。

当時の上司だった吉川修司さんは馬場さんの話に耳を傾け、家庭を大事にしながらも働き続けることを粘り強くすすめた。そして経営のことを全く知らなかった馬場さんに、松下幸之助や『人を動かす』で有名なデール・カーネギーの本を渡したが、馬場さんは忙しくて本を読む時間がなかった。そこで吉川さんは経営書のCDを馬場さんに貸し、馬場さんは車の中でそれを聞いて経営を学んだという。

親身な部下育成メソッドで馬場さんは仕事に前向きになり、本来の明るさと積極性を発揮し営業成績を上げていく。この時に経験した部下育成メソッドは、のちに馬場さんが起業した際、パートナーとなった各地の女性たちを指導する際に、大変役立ったという。

「そんなビジネス、うまくいくわけない」と言われた事業

生命保険の営業職として実績を上げていた馬場さんだったが、当時小学校6年生だった次女のさくらさんから、「学生服がきつくなったので、新しいのを買ってほしい」と言われた。5年生の時に新品を買ったばかりだったが、成長期なので1年できつくなってしまったのだ。

馬場さんは毎年1万4000円も出して、新品の学生服を買うことに疑問を持った。フルタイムで働いていたため、地元の学校には知り合いはおらず、近所に学生服のお下がりをもらうコミュニティーはなかった。この経験から、「困っているのは私だけではない。子供が多い家庭や、転勤してきた家庭は、もっと困っているはず」と考え、「学生服リユースショップ」を事業化することを思いつく。

馬場さんが住んでいた香川県は、すべての公立の小中学校で学生服が指定されており、高松に転勤した人は、小学生が学生服で登下校する姿に驚くという。

学生服があれば私服を買わなくて済むという意見もあるが、小学生でも学生服は

1万4000~2万円もするので、子供が多い家庭や転勤族の人にとっては負担が大きい。また成長期なので何度も買い直す必要もあり、さらに学校指定の体操服やジャージ、帽子などにもお金がかかる。義務教育である公立の中学入学時に、学生服や学校指定の体操服などに5万円くらいかかる。経済的に苦しい家庭では、入学式までに買いそろえることができず、不登校につながることもあるという。

馬場さんは2010年6月に生命保険会社を退職して、学生服リユースショップの起業準備を始めた。地元のリサイクル店を探しても学生服の取り扱いはなく、また東京の学生服のリサイクル店にも行ったが、そこは学校で着る目的以外の、「趣味のためのお店」だった。そうした経験から、馬場さんは本当に学生服を必要としている人に届けるために、「購入時にその学校に通学している証明を見せてもらう」というルールを決めた。

2011年1月に店を開業するために、馬場さんは「学生服を買い取ります」というチラシを作って知り合いに配った。だが、「そんなビジネス、うまくいくわけない」と言われたり、「学生服を別の目的に使うのでは」などと誤解されたりすることも多かったという。

それでも子供たちと一緒に、近所にチラシのポスティングを続けて、何とか学生服50着ほどを集めることができた。店の名前「さくらや」は、次女のさくらさんの名前から取っている。さくらさんは、馬場さんが生命保険会社に勤務して忙しかった頃、障害のある姉や幼い弟の世話を母親代わりにしてくれた。馬場さんは感謝の気持ちと共に、「子供たちと一緒に店を成長させたい」という思いで、店名を「さくらや」としたという。

地域の障がい者やおばちゃんたちも巻き込んで事業展開

開業してもお客が来ない日々が続いたが、しばらくしてチラシを手にしたお母さんが来店し、「こんなお店が欲しかったんです」と言って購入してくれた。

その言葉に力をもらった馬場さんは、さらに学生服を集めることに注力する。徐々にクチコミで店の存在が知られるようになり、開業して1年後には、約2000着の学生服や体操服などを取り扱うようになった。

さらに馬場さんは香川県内にある約330校の学生服事情について、お客からの情報を元にデータとしてまとめている。学校ごとに学生服が違うだけでなく、校則と着用ルールもあるので、生の情報を持っているさくらやのスタッフは、お客に的確なアドバイスができるのだ。

こうして3年目には年商600万円を超え、現在の高松店は約1000万円規模となっている。このようにさくらやの学生服リユース事業は、買い手のニーズが強い「買い手よし」のビジネスであるのだ。

どんどん成長していく子供たちの学生服や体操服を地域で循環させる「さくらや」

「起業しても子供たちとの時間を大切にする」という方針の馬場さんは、さくらやの営業時間を月・水・金・土の週4日、午前10時から午後3時までの5時間にした。このような短時間の店舗経営ならば、子供がいるお母さんたちでも働きやすい。さくらやでは子連れ出勤OKで、勤務中に「子供が熱を出した」という連絡があれば、すぐに迎えに行くことができる。

またさくらやでは、買い取った体操服の洗濯を、地元の障がい者就労支援センターに依頼している。さらに体操服の名前の刺繍《ししゅう》取りは、近所のおばちゃんたちがさくらやの店舗に集まって、楽しくおしゃべりしながらしている。

このようにさくらやは、学生服リユース

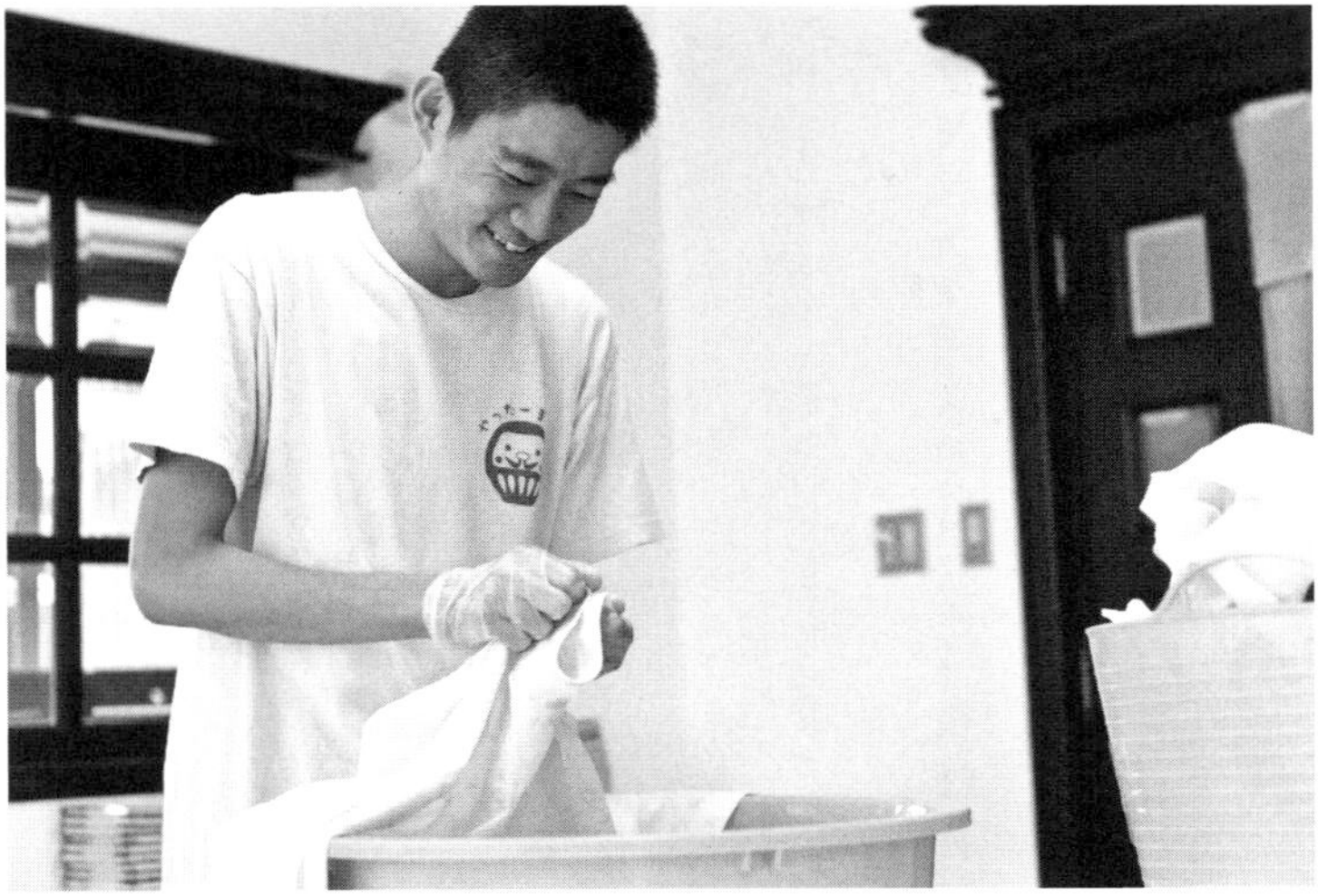

体操服の洗濯は障がい者就労支援センターに委託している

体操服のネーム刺繍をほどいて取り除くのは、近所のおばちゃんたちだ

ショップというビジネスを通じて、地域の多様な人たちに仕事と生きがいと居場所を提供し、「作り手よし」と「世間よし」を実践している。

起業2年目の2012年、馬場さんは香川県主催の「かがわビジネスモデル・チャレンジコンペ2012」に応募し、最優秀賞を受賞した。プレゼンの最後に「さくらやのビジネスモデルを、香川県発で全国に展開します」と発表した点が高く評価されたという。

この受賞をきっかけに、さくらやはテレビや新聞で報道されるようになり、全国から「さくらやの仕事をしたい」という要望が寄せられた。馬場さんは2013年にさくらやを「株式会社サンクラッド」として法人化した。そしてビジネスコンテストで得た優勝賞金300万円で、店舗の在庫数や販売数を管理するPOSシステムを開発し、15年からさくらやのビジネスモデルを全国に展開し始めた。

フランチャイズではなく、会員制なので参加しやすい

さくらやのビジネスモデルはフランチャイズ制ではなく、「パートナー制」と呼ぶ会員制システムになっているのが特徴だ。さくらやを開業したい人は、加盟料として170万円（POSシステム導入は別料金）を支払い、経営ノウハウや店舗設計のアドバイスを受ける。その後

は月々6500円の会費だけを支払う。売り上げにロイヤリティーはかからないので、全国の「さくらやパートナー」たちは、自分のペースで事業に取り組める。このように定額の会費制にし、その会費を安く設定したことにより、さくらやは全国61店舗にまで展開できた。

馬場さんは、「さくらやパートナー」に対して「地域デザイン力とコミュニティー経営」の意義と実践方法を細かく指導している。さくらやパートナーは、開店前に自分の地域でさくらやをどのように展開するかについて、20時間以上の研修を受け、課題提出もする。

学生服リユースショップ事業は、家計を節約したい家庭にとって強いニーズがあるものの、市場が小さいため大手のリサイクルショップでも参入できなかった。また学校ごとに学生服が違い、数年でモデルチェンジもあり、大手が参入するメリットはさらに小さくなる。そうした市場に、女性たちがやりがいを感じながら短時間の労働で、小資本で開業できるビジネスモデルを構築したのが、さくらやである。女性たちにとっても働きやすい事業形態なので、「売り手よし」である。

私は水曜日の開店直後に高松店を取材した。その時間帯ならきっとお店はすいているだろうと思ったのだが、実際には次々とお客が買いに訪れていた。このように営業時間が限られるからこそ、その時間帯に合わせてお客が来ており、店舗運営が効率的になるのだ。

全国61店舗まで拡大したさくらやだが、運営する株式会社サンクラッドの社員は、馬場さん

今後は、学生服をネット上でも買えるようにする予定だ

だけである。

前述のようにさくらやは売り上げに対してロイヤリティーを支払うフランチャイズ制ではなく、月会費6500円のパートナー制なので大きな本部組織が不要なのだ。馬場さんは女性の起業に関する講演を全国で行い、さらにさくらやのファンを拡大している。

また馬場さんは長男の高校進学に合わせて、2016年から東京に拠点を移した。今後は大手企業と組んで、学生服をインターネットでも購入できる仕組みづくりに挑戦していく予定である。

さくらやは、学生服リユースショップという「地球よし」の循環型ビジネスに、地域の人たちを巻き込んで全国展開している。そして「経済的に苦しく、学生服を買うことができない」という子供の貧困問題の解消にも貢献しており、「未来よし」のビジネスでもある。さくらやの事例は、地域で循環型の環境・福祉ビジネスを推進し、全国に展開できるビジネスモデルを確立しており、社会的起業において「六方よし経営」のモデルケースといえる。

事例⑦

「サンゴが死んじゃうよ」の一言で目覚め、環境問題で「六方よし経営」

ジーエルイー合同会社 株式会社マナティ

沖縄県那覇市

代表取締役 金城由希乃さん

「サンゴに優しい日焼け止め」を開発・売り出した金城由希乃さん。畑違いの仕事だったが軌道に乗せた

ジーエルイー、マナティの六方よし

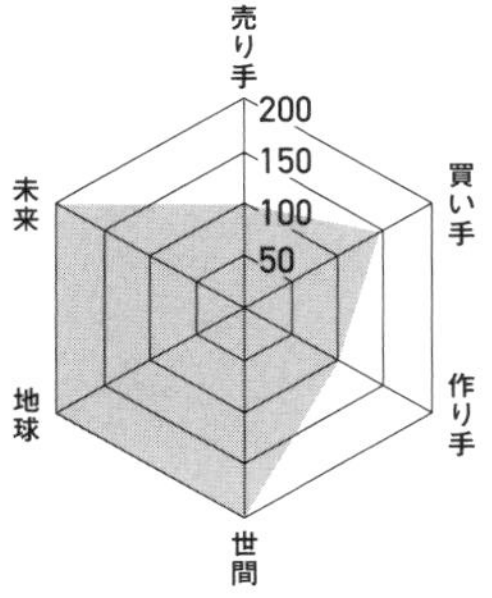

買い手よし 世間よし 地球よし

「サンゴに優しい日焼け止め」は、サンゴや環境に良いだけでなく、人の肌にも刺激が少ない製品を開発した

世間よし 地球よし 未来よし

「サンゴに優しい日焼け止め」と「ビーチクリーン活動」は、沖縄の海を守り、地球環境の未来にも良い

沖縄出身の金城由希乃さんは、かつて東京やニューヨークで、パーティーやファッション関連の華やかな仕事をしていた。その頃は、環境問題に対して関心が高いわけではなかったという。しかし、ふるさとの沖縄にUターンし、海水浴をしている時に言われた「サンゴが死んじゃうよ」の一言で環境問題に目覚め、「サンゴに優しい日焼け止め」を開発して販売、さらに沖縄の海で有料のゴミ拾いプロジェクトを推進している。

金城由希乃さんは沖縄県沖縄市出身で1979年生まれ。大阪や東京でのアルバイト生活を経て、20代前半は東京で独立して、パーティー・プロモーターの仕事をしていた。2004年にはニューヨークに移住して日系人男性と結婚、個人のバイヤーとして、ニューヨークのパーティードレスや雑貨などを日本に輸出する仕事を手がけた。しかしリーマンショックの影響で夫が職を失ったため、09年に二人で沖縄に移住し、金城さんは今までの経験を活かして、故郷の沖縄市でアパレル店を始めた。

2015年の夏、金城さんは美しいビーチで知られる沖縄の座間味島《ざまみじま》で、海水浴やシュノーケリングをする際、浜辺で市販の日焼け止めを塗っていた。すると一緒に来ていたダイバーの男性から一言、「サンゴが死んじゃうよ」と嫌味っぽく言われたという。その一言が気になり、帰宅してからサンゴと日焼け止めの関係をネットで調べてみた。その結果、市販の日焼け止め

沖縄のサンゴ。一般的な日焼け止めに含有される物質でダメージを受ける。海外ではその成分の使用を禁止している国もある

の成分には、少量であってもサンゴに有害な物質、紫外線吸収剤のオキシベンゾンやメトキシケイヒ酸エチルヘキシルなどが含まれていることが分かった。金城さんは、自分が何気なくしていることがサンゴに有害であったことが分かり、ショックを受けたという。

サンゴは植物のように見えるが、実は動物である。海中のプランクトンを捕食し、体の中に褐虫藻という植物プランクトンを取り入れて共生している。その褐虫藻が光合成をして水中の二酸化酸素を取り入れて酸素を作り出し、サンゴに栄養分を供給している。

サンゴが形成するサンゴ礁には多くの生物が棲《す》み、産卵もするので、サンゴ礁の存在は生物多様性にも貢献しており、生態系維持に欠かせない。またサンゴ礁があることで高波を防ぎ、漁業や観光業の振興にもつながるため、人間の生活にとっても大切な存在だ。

しかし今、日焼け止めなどの有害成分による水質汚染や地球温暖化の影響を受け、サンゴに「白化現象」が発生し、サンゴの数は減ってきている。

米ハワイ州では、サンゴに有害な日焼け止めの輸入・販売を禁じる法案が成立し、2021年1月1日から施行されている。また美しいサンゴ礁で知られ、ダイビングのために観光客が世界中から訪れるパラオ共和国では、より厳しい規制「責任ある観光教育法2018」が制定された。20年1月1日からは、サンゴに有害な日焼け止めの輸入・販売が禁止され、それらを持ち込んだ場合には空港で没収される、と在パラオ日本国大使館のホームページにも警告がある。しかし残念ながら、こうした情報は日本ではあまり知られていない。

クラウドファンディングで、環境ビジネスを開始

話を金城さんに戻すと、金城さんは沖縄で「サンゴに有害ではない日焼け止め」を探したところ、1種類だけ買うことができた。しかしその製品のパッケージでは、それを使うことでサンゴの保護につながることがよく分からなかった。そこで金城さんは、もっとメッセージ性が強い「サンゴに優しい日焼け止め」を開発し啓蒙活動をすることを決意して、8年間経営した

金城さんが開発・販売している「サンゴに優しい日焼け止め」。商品名とオーシャンブルーの色使いがそのままメッセージになっている

アパレルの店舗を売却した。

金城さんは２０１６年10月から「サンゴに優しい日焼け止めを作って、沖縄の美しいサンゴを守りたい」というクラウドファンディングを始めた。２カ月間で２５０人の賛同を得て、目標額３００万円を上回る３５４万１０００円の寄付が集まった。

クラウドファンディングでは、「座間味島で日焼け止めの製造工場を作りたい」としていたが、実際には土地を取得できず、それ以外にも多くの困難に直面する。例えば金城さんがサンゴに優しい日焼け止めの成分を指定しても、その指定通りに製造してくれる協力工場がなかなか見つからなかった。２０１７年にはなんとか製品化できたが、今度は販売するルートを開拓しようとしても、製品開発の趣旨を理解してもらえなかったという。

そんな中、日本航空の子会社である日本トランスオーシャン航空が、サンゴに優しい日焼け止めを機内販売で取り扱ってくれることになった。また金城さんは、日本政策投資銀行主催の第6回女性新ビジネスコンテストにこの製品開発プロジェクトで応募し、ファイナリストにも選ばれた。こうしたさまざまな努力が実り、メディア取材を受けることも多くなり、サンゴに優しい日焼け止めの販路は徐々に拡大している。

「私はサンゴに優しい日焼け止めを販売しているのではなく、『環境問題への気づき』を訴えているのです」と金城さんは語る。

世界の先進企業では、買い手に提供する独自の価値を一言で明示する。これはUSP（Unique Selling Proposition）と呼ばれ、会社の哲学を消費者に明確に訴える経営手法だ。「サンゴに優しい」は金城さんの会社のUSPであると思う。サンゴに優しい日焼け止めは、環境問題に貢献する価値を消費者に提供しており、見事な商品開発である。そしてサンゴに優しい日焼け止めは、環境に優しいだけでなく、人間の肌にも優しい成分でできている「買い手よし」の商品である。

社会課題にまっすぐ向き合い、自分の目線で解決に取り組む

さらに金城さんは2019年末から、海岸の漂流ゴミ拾いを有料で行う「プロジェクトMANATII」を開始した。きっかけは、金城さんが西表島《いりおもてじま》にサンゴに優しい日焼け止めの販売で訪れた際、海岸にたくさんの漂流ゴミが落ちているのを見たことだ。観光客である自分が漂流ゴミを拾い集めたいと思っても、集めたゴミを現地でどう処理すればいいのか分からない。せっかくゴミを拾い集めても、地元の人にかえって迷惑をかけてしまうことになる。

この問題に直面した時に、金城さんはこう考えた。「500円くらい払ってゴミ袋を買い、地元の人と一緒に、漂流ゴミの分別をすればよいのではないか」。そこで海辺の漂流ゴミを集めるビーチクリーン活動をビジネス化するために、「株式会社マナティ」を立ち上げた。

マナティとはアフリカやアマゾンなどの淡水に棲む動物で、人魚のモデルとも言われている。金城さんはマナティをマスコットキャラクターにして、ビーチクリーン活動を始めた。黄色いゴミ拾いバッグに、可愛いマナティの青いイラストのゴミ袋はとても目立ち、ビーチクリーン活動に興味を持つきっかけになる。

「プロジェクトMANATII」に参加したい人は、このゴミ袋を500円で地元のカフェや土産物屋などの「パートナー」からレンタルして、浜辺の漂流ゴミを拾い集めて袋に入れる。ゴミを集めた後は、パートナーに分別方法を教えてもらって、分別する。支払った500円のうち250円はパートナーに、250円はプロジェクトMANATIIの活動資金になる。

「プロジェクトMANATII」に参加している地元のパートナーさん（右）とゴミ袋。ボランティアをする側がお金を払うという新発想が事業推進の鍵になっている

プロジェクトMANATIIは、企業のCSR活動にも採用されている。写真はオリオンビールと共催したときのもの

このプロジェクトは、参加する人が500円を支払う仕組みであるため、旅行者でも気軽に参加できる。また漂流ゴミの分別を通じて、地元の人との交流も生まれるだろう。すでに沖縄県内40カ所にパートナーがおり、気軽に参加できて環境に優しいエコツーリズムの仕組みが広がっている。これは、まさに「世間よし」「地球よし」「未来よし」のプロジェクトなのだ。

沖縄県のオリオンビールはCSR活動の一環として、「プロジェクトMANATI」に参加している。2020年7月に行われた最初の「プロジェクトMAMATIIオリオンビール」では、オリオングループの社員とその家族、総勢128人が参加した。沖縄県内の13カ所のビーチで拾い集めたゴミは、45ℓ袋で141袋分にもなったという。オリオンビールは今後も定期的な開催を予定しており、会社一丸となって沖縄の美しい景観美を取り戻すために、ビーチクリーン活動を続けるとのことである。

「『金城さんは、環境問題のインフルエンサーになってほしい』とよく言われるのですが、私は『沖縄に来るすべての人が、インフルエンサーとなって活動してほしい』と思います」と金城さんは語る。自分が気づいた地域課題に真っすぐに向き合い、沖縄の美しい海とサンゴ礁を守るために、「買い手よし」「世間よし」「地球よし」「未来よし」を推進している金城さんは、環境問題についての社会的起業のモデルケースといえる。

障がいのあるアーティスト作品を起点に、福祉の領域を広げる「六方よし経営」

株式会社ヘラルボニー　岩手県盛岡市

「異彩を、放て。」がミッションのヘラルボニー。障がい者のアートをビジネスにした

社長
松田崇弥《たかや》さん

副社長
松田文登《ふみと》さん

ヘラルボニーの六方よし

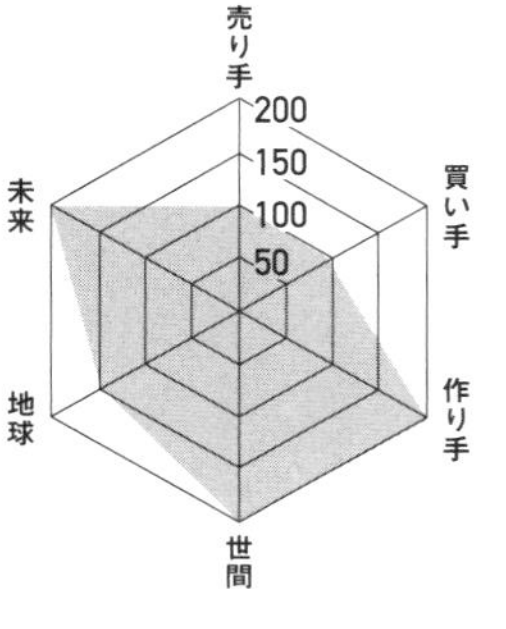

作り手よし	障がいのあるアーティストの作品に「価値の発見」をし、彼らの作品を高級ネクタイなどに商品化し、収入と生きがいを提供している
世間よし 地球よし	障がいのある人のアート作品を工事現場の仮囲いに展示し、展示後に作品をエコバックに加工している
未来よし	障がいが個性として受け止められ、すべての人が生きやすい社会に向けて、活動し続けている

「異彩を、放て。」をミッションに、障がいのあるアーティストの作品を社会の多様な場所にプロデュースしている福祉実験ユニット「ヘラルボニー」は、NPO法人や一般社団法人ではなく、株式会社である。障がいのあるアーティストの作品を高級ネクタイにし、また工事現場の仮囲いに彼らの作品を展示して「ソーシャル美術館」にするなど、福祉の領域を広げているベンチャー企業なのだ。

ヘラルボニーを主宰する双子の兄弟、松田崇弥さんと松田文登さんは、岩手県金ケ崎町《かねがさきちょう》出身で1991年生まれ。銀行員の父親と小学校の事務員の母親と、4歳年上の兄、翔太さんの5人家族だ。

兄の翔太さんには自閉症と知的障がいがあったが、兄弟3人で仲良く育った。松田さんの両親は週末になると兄弟3人を連れて、福祉団体の主催するイベントに参加していたので、松田さんたちにとって、さまざまな障がいのある人たちは、身近な存在だった。

松田さんたちが地元の小学校に通っていた頃、兄の翔太さんも特殊学級に通い、地域では受け入れられていた。それでも周りの人たちから、障がいのある翔太さんを「かわいそう」と見られることがあった。文登さんは小学校4年生の時に「障がい者だって同じ人間なんだ」という題で作文を書き、「将来は福祉関係の仕事をしたい」と思いをつづっていた。

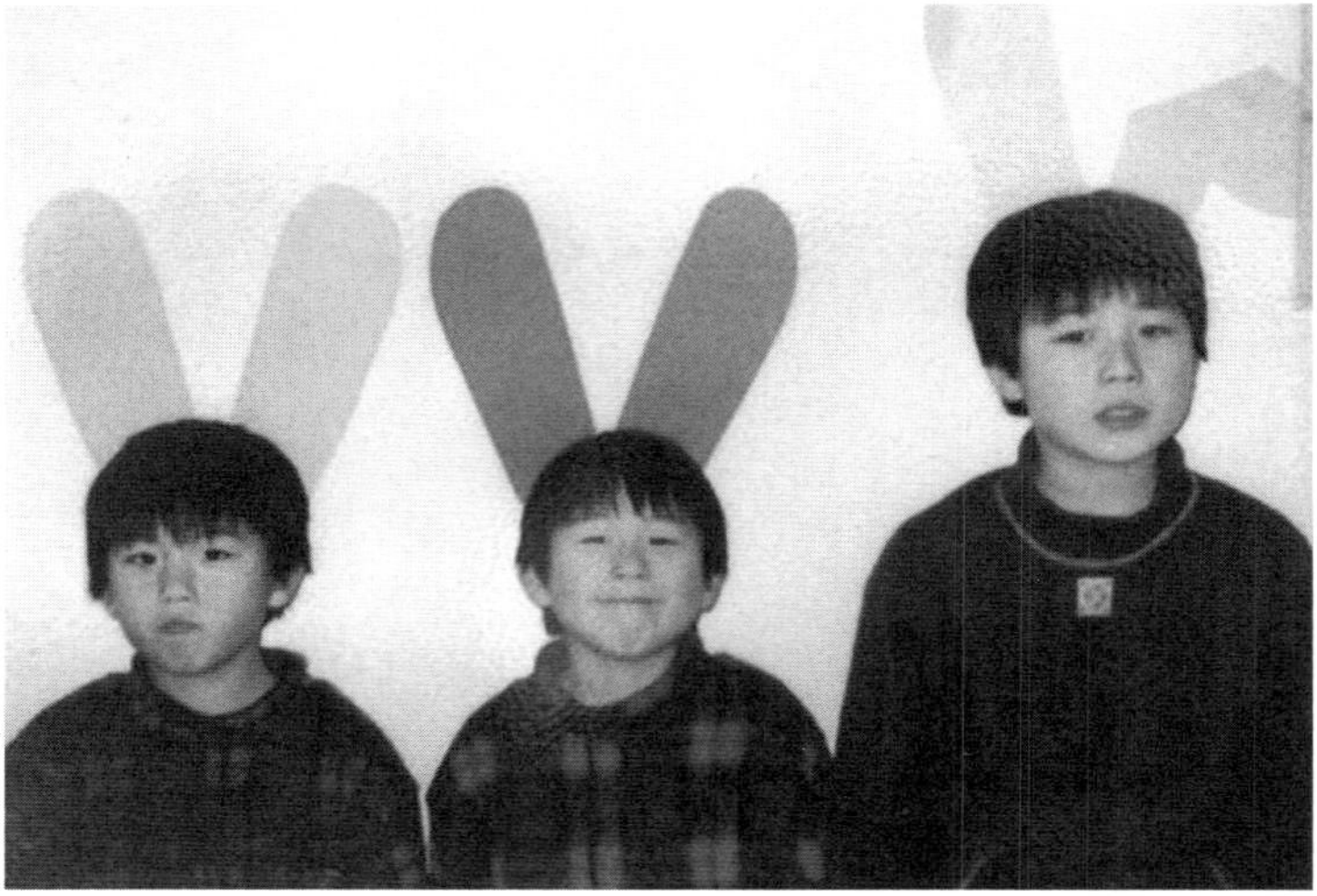

障害のある兄を持つ双子の松田兄弟。子供の頃から3人は仲良く暮らしていた

松田さんたちが金ヶ崎町内に1つしかない中学校に進学すると、そこには「人との違いをあげつらう文化」があり、二人は障がいのある兄の存在を隠すようになる。

その当時、「自閉症スペクトラム障がい」のことを地元の中学生たちは略して「スペ」と呼び、何かミスをしたりすると「おまえ、『スペ』だな」というような言い方をしていた。松田さんたちは、心の中ではそういう言い方は嫌だと思っていたが、周りに同調してしまうことがあった。

そして「今から考えると兄には本当に申し訳ないのですが、中学生のころは兄を遠ざけたりしていました」と語る。その後、松田さんたちは岩手県内の卓球が強い高校に進学し、高校時代は卓球に打ち込む生活を送る。

高校卒業後、文登さんは東北学院大学経済学部の共生社会経済学科に進学する。そして大学卒業後は岩手県の大手建設会社に就職、営業職として活躍する。崇弥さんは東北芸術工科大学芸術学部の企画構想学科に進学し、卒業後は当時、教授をしていた著名放送作家の小山薫堂氏が代表を務める「オレンジ・アンド・パートナーズ」という企画会社に入社し、プランナーとして東京で働いていた。

理想は障がいのあるアーティストが、アートの収入で生活できること

2016年のお盆休みに崇弥さんが東京から帰省すると、母親から「花巻市の『るんびにい美術館』に、障がいのある人たちの素晴らしいアート作品があるので、行ってみるといい」とすすめられ、るんびにい美術館を初めて訪れる。そこには障がいのある人たちが描いた鮮やかな色彩のアート作品や、今まで見たことがないような緻密なタッチの絵画があり、衝撃を受けた。崇弥さんは文登さんにすぐに電話して、るんびにい美術館に行くことをすすめた。文登さんも行ってみると、展示されているアート作品の芸術性の高さに驚いたという。

障がいのある人たちのアート作品に感動した松田さんたちは、「ＭＵＫＵ」というブランドを立ち上げ、彼らのアート作品をプロデュースすることを企画する。仕事を続けながら、まず

銀座田屋が製作した、障がいのあるアーティストの作品を使ったネクタイ。織りにも凝った最高級品だ

障害のある人たちのアート作品をネクタイにしようと、国内のネクタイ製造会社をリストアップしてアプローチした。しかしなかなか理解されずに、門前払いされるばかりだった。それでもある会社から「業界老舗の『銀座田屋』なら、話を聞いてくれるかもしれない」とアドバイスされ、文登さんは山形県にある田屋のネクタイ工房をアポなしで訪問した。

工房の人に企画書を渡すと銀座の本社につないでくれて、障がいのある人たちのアート作品のネクタイが誕生する。そのネクタイはアート作品を単にプリントしたものではなく、織りの技術で再現している最高級品で1本2万円以上する。

こうして障害のあるアーティスト作品のネクタイは、盛岡市のデパートを初めとして、

障害のある兄がノートに書き込んだ「ヘラルボニー」。特に意味はない言葉だが、これを社名にした

全国各地のデパートなどで販売できることになった。

「起業した当時、『障がいのある人たちのアート作品を世に送り出すソーシャルビジネスをしよう』とか、全く考えていませんでした。その時は、障がいのあるアーティストたちの素晴らしい作品をプロデュースすることに、ただワクワクしていたんです」と松田さんたちは語る。

2018年には二人とも会社を辞め、「株式会社ヘラルボニー」を設立した。広告プランナーをしていた弟の崇弥さんがクリエイティブ関係を担当し、建設会社に勤務していた兄の文登さんが経営全般を担当することになった。全国各地の福祉施設にいる障がいのあるアーティストたちと契約し、彼らのアート作品を多様な商品や展示品にし、アーティストたちに一定の手数料を支払うビジネスモデルだ。

会社名になった「ヘラルボニー」とは、兄の翔太さんが小学校の時に、強い筆圧の太い文字で、自由帳に何度も書いていた言葉である。この言葉の意味を翔太さんに聞いても「分からない」と言う。またインターネットで検索しても、そんな言葉はこの世に存在していなかった。

松田さんたちは、「この『ヘラルボニー』という言葉のように、何の意味もなく見えることにこそ価値がある」と考えて、社名を「ヘラルボニー」とした。

平成30年版『障害者白書』によると、日本には知的障がいのある人が約96万2000人いる。その中にいる、強いこだわりや集中力があるアーティストたちを発掘して、彼らとライセンス契約をして、作品の売り上げの3%から5%を還元する。このように、障がいのある人たちがアート作品からの収入で生活できるようにプロデュースすることが、ヘラルボニーの仕事である。

ヘラルボニーは、すべての障がいのある人たちをアーティストとしているわけではなく、あくまで「アートの才能を持つ、障がいのある人たちを発掘する」のがポイントだ。「今後は障がいのあるアーティストの中から、1000万円プレーヤーが出てくることが目標です」と文登さんは語る。障がいのある人たちの作品は、えてして300円とか500円で販売されていることが多いが、その価値が正当に評価され、収入を得ていけることは「作り手よし」である。

障がいは欠落ではないという思想を広める

また東北の大手建設会社に2013年から勤務していた文登さんは、東日本大震災の復興工事で、東北の町中に仮囲いがあり、殺風景だと感じていた。文登さんは仮囲いを「ソーシャル美術館」として、障がいのあるアーティストの作品を展示することを思いつき、「全国日本仮囲いアートプロジェクト」を始めた。

その際に問題となったのは、「アート作品の展示費用」だった。建設会社からは「無料だったら展示してもいい」と言われたが、松田さんたちは「障がいのあるアーティストの作品に対して正当な使用料を支払い、街を歩く人たちにアートを楽しんでもらえば、社会貢献になる」という考えを粘り強く建設会社に説明し、アート作品の使用料を支払ってもらっている。

この全日本仮囲いアートプロジェクトは2019年に渋谷区での展示を初めとして、全国で展開されるようになった。

最初に渋谷区での展示が可能になったのは、渋谷区が仮囲いにされる落書き問題に困っていたという事情があった。つまり全日本仮囲いアートプロジェクトは、障がいのあるアーティスト、仮囲い所有者、街で働き暮らす人たちと、プロデュースするヘラルボニーなど、関わる人たちがすべてハッピーになる「世間よし」のプロジェクトとなっているのだ。

工事現場などの仮囲いに展開中の展覧会「全日本仮囲いアートプロジェクト」。独創的なアートが街を歩く人々を楽しませる

2020年7月から9月まで、高輪ゲートウェイ駅で「Wall Art Museum in Takanawa Gateway」というプロジェクトが開催された。

このプロジェクトではターポリンという防汚性・耐水性が高い生地に、障がいのあるアーティストたちの作品を印刷した。そして展示終了後には生地を廃棄せずに、エコバックに加工して販売した。ゴミとして廃棄する素材を元の素材よりも価値の高いものにする「アップサイクル」と呼ばれる手法であり、「地球よし」である。

さらに2021年4月にヘラルボニーは、岩手県盛岡市に、障がいのあるアーティスト作品を展示するギャラリーをオープンした。これからも出身地である岩手県を「ロー

ヘラルボニーには多彩な人材が集まり、福祉の領域を広げる事業を展開している

カル・アート・ハブ」にするという展望を持っている。そして22年には、ヘラルボニーがプロデュースする新しいホテル「MAZARIUM（マザリウム）」が盛岡市にオープン予定だ。岩手県の伝統文化と障がいのあるアーティストの作品が混ざり合い、新たな滞在体験を生み出し地域を盛り上げる「はじまりの場所」を目指すホテルになるという。これは、まさに「作り手よし」「世間よし」「未来よし」のプロジェクトである。

会社勤めの傍ら、MUKUというブランドを立ち上げてから約5年、ヘラルボニーの活動は多くのメディアで紹介され、売り上げも約1億円まで急成長した。この原稿を書いている最中にも、次々と新しいプロジェクトが始まっている。

なぜヘラルボニーは、短期間でここまでうまくいっているのか、その理由は、ヘラルボニーの明確なミッションが、多くの人の共感を呼ぶからである。さらに「双子で経営していること」も強みである。クリエーティブを担当する崇弥さんはさまざまなアイデアを思いつき、文登さんに電話をする。実務を担当する文登さんは、そのアイデアの実現可能性を冷静に判断するそうだ。二人は生まれた時から一緒に生活しており、今は東京と盛岡に離れて仕事をしているが、何でも隠し事なく話せる間柄だという。

さらにヘラルボニーのミッションに共感して、アパレルやマーケティング、教育サービス、国際物流の経験者などの多彩な人材が入社して、より質の高いサービスを提供できるようになっている。またアートやマイノリティー分野に精通する弁護士や、ソーシャル領域に特化した弁護士が、「ヘラルボニー」の法律顧問を務めている。

「私たちは『障がいのあるアーティストの作品をプロデュース』しているのではなく、『障がいは欠落ではない』という思想を、世の中に提示しているのです」と松田さんたちは語る。そして取材時には、こんなエピソードを私に教えてくれた。

「ヘラルボニーがテレビ番組で紹介された後、ある女性からメールをもらいました。その女性は妊娠中でお腹の子供がダウン症であることが分かり、産むかどうか迷っていたそうです。テレビでヘラルボニーの活動を知って、子供を産むことに決めたとのことです」

福祉実験ユニットのヘラルボニーは、今後はアートに限らず、福祉の領域を新しい形で、社会のさまざまな場面で広げていく計画である。ヘラルボニーの商品やサービスが街中にあふれている世界は、すべての人が生きやすい「未来よし」となるに違いない。

日本の伝統的なお祭りをサポートし、未来につなぐ「六方よし経営」

株式会社オマツリジャパン
東京都渋谷区

オマツリジャパンの加藤優子さん。お祭りのサポートをビジネスモデル化した

代表取締役　**加藤優子**さん

オマツリジャパンの六方よし

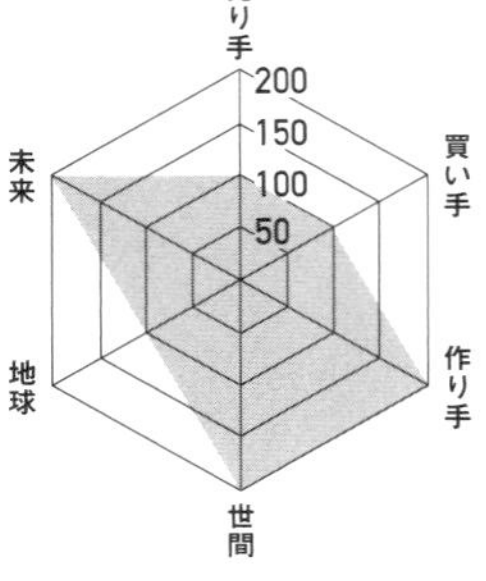

作り手よし	担い手や予算が不足していた地域の祭りをサポートし、持続可能なビジネスモデルを確立している
世間よし	オマツリジャパンのサポートで全国各地の祭りが活性化し、地域課題を解決している
未来よし	日本の多様な祭り文化が未来に継承されている

日本全国では大小さまざまな祭りが、年間約30万件も開催されているといわれており、世界でも有数の祭り大国だそうだ。その中には、「博多祇園山笠」や「青森ねぶた祭」のように、開催期間中に200万人以上を動員するような大規模な祭りから、地域の神社や商店街などが開催する小規模な祭りまである。特に後者の場合には、祭りの担い手や資金不足、催し物のマンネリ化などの問題から、年々参加者が減って存続が危ぶまれており、祭りの活性化が地域課題となっている。

加藤優子さんは東京都練馬区出身で、1987年生まれ。小さいときから絵を描くことが大好きで、画家を目指し、2浪をして美大に入学した。自分の世界観を現代アートで表現していきたいと思っていたが、家族に作品を見せても「よく分からない」と言われ、自分のアートをなかなか人に理解してもらえないもどかしさを感じていた。

転機が訪れたのは2011年だった。テレビ報道などで東日本大震災の惨状を目にして、加藤さんは、「自然が引き起こした大災害の前には、自分がやっているアートは無力だ。衣食住に関する仕事のほうが、人の役に立つのでは」と感じ、それからは「何かもっと直接的に人の役に立つことをしたい」という思いを持つようになった。

加藤さんの母親は青森県出身で、子供の頃から毎年「青森ねぶた祭」を家族で見に行ってい

東北の三大祭りに数えられる青森ねぶた祭に繰り出される、人形灯篭、ねぶた。大きいものは幅が９ｍにも及ぶ

た。しかし11年夏に開催された「青森ねぶた祭」は、いつもの年とは違って見えたという。東日本大震災の影響で観光客は少ないものの、「ハネト」と呼ばれる踊り手たちは、例年よりも生き生きと踊っていた。そこには観光客に見せるための祭りではなく、祭りに参加した人たちが1年間のエネルギーを爆発させる祭り、自分たちが生きている証しとしての祭りがあった。

加藤さんは「祭りこそ、日本人の生きるパワーの源なのだ」ということに気づいた。それから「日本全国の祭りを、自分の得意なアートの発想や表現力で活性化することはできないか」と思うようになった。

実際には、祭りのサポートをビジネスにすることは難しい。なぜならば祭りは、長年その土地の人たちがボランティアで活動し、主に寄付で開催してきた地域の文化活動だからだ。しかし加藤さんは試行錯誤をしながら、日本初の祭り専門ベンチャーである「オマツリジャパン」を、持続可能なビジネスモデルにしていく。

自治体や企業から予算をもらうビジネスモデルで成功

加藤さんは美大を卒業後、大手漬物会社に入社して、デザインや商品開発を担当した。漬物会社を選んだ理由は、「日本の食文化の一つである漬物の魅力を、アートの表現力で高めたい」と思ったからである。そして社会人生活の傍ら、フェイスブックで「オマツリジャパン」という情報発信のページを作り、祭り好きの人たちを集めて社会人サークルとして活動し、各地の祭りを盛り上げる企画をした。依頼された祭りのポスター制作などで忙しくなり、また会社勤めで300万円の貯金もできたため、2014年7月に漬物会社を退職して、任意団体「オマツリジャパン」の活動を独りで始めた。

設立当初のオマツリジャパンは、祭りの主催者から依頼を受けて予算をもらい、うちわなどの祭りグッズやステージなどをデザインしていた。しかし祭りの予算はもともと少ないため、加藤さんが時間とエネルギーを注いでも、十分な報酬をもらえないことが分かってきた。また当時のオマツリジャパンは加藤さん1人が専任で働き、他のメンバーはボランティアでサポートする体制だったため、業務も思うように進まず、加藤さんはずっと孤独を感じていたという。

2015年7月に加藤さんは任意団体を「株式会社オマツリジャパン」に法人化した。当時大手通信会社に勤務していた山本陽平さん（現在の共同代表）のサポートを得て、加藤さんはオマツリジャパンのPRのために、各地のビジネスコンテストに応募するようになる。

実は加藤さんは人前で話すことが苦手で、プレゼンも決して得意ではなかった。それでもビジネスコンテストで入賞するために、加藤さんは独りでカラオケに行き、大きな声でプレゼンする練習を続けたそうである。

応募したビジネスコンテストでは入賞することが多く、それがきっかけでメディアの取材を受けるようになった。ビジネスコンテストの主催団体ともつながりができて、祭りを活性化する仕事を依頼されるようにもなる。

さらに加藤さんはベンチャー企業の成長を促進するための「アクセラレーター・プログラム」に参加したところ、「祭りの主催者から予算をもらうのではなく、祭りで活性化したい自治体やPRをしたい企業から、予算をもらうビジネスモデル」にたどり着く。実際にメディア報道を見た自治体や企業から、祭りについての多様な問い合わせや依頼が来るようになっており、「自治体や企業から予算をもらうビジネスモデル」に転換することができた。

オマツリジャパンの経営者たち。右が加藤さん、中央が山本さん、左が橋本さん

このビジネスモデルが固まってきた2017年、前述の山本さんが会社を辞めてオマツリジャパンに共同代表として参画し、営業を担当するようになる。ケーブルテレビ会社に勤務していた橋本淳央さんも経営企画、財務、WEB担当の取締役として入社した。

さらに2018年には、大手企業や外資系コンサルタント会社勤務の人たちも入社してきた。そしてオマツリジャパンは17年と19年に、事業の連携を希望する企業や短期的な投資リターンを求めないエンジェル投資家からの出資を受け、資本金は6620万円となった。

加藤さんは、「役員が3人になり他の社員も入社して、仕事量も5倍、売り上げも5倍、そして楽しさも5倍になりました」と当時の

■オマツリジャパンの社員数などの推移（ライター数とサポーター数は概算）

	取締役数	社員数	アルバイト数	ライター数	サポーター数
2015年	1				100
2016年	1				200
2017年	3				300
2018年	3	3	3	5	350
2019年	3	7	8	30	400
2020年	3	8	10	100	450

ことを語る。まさに祭りと同じで、「神輿《みこし》は独りでは担げない」のだ。

多様な働き方も認めるベンチャー

「祭りで日本を盛り上げる」をミッションとし、日本初の祭り専門のベンチャー企業となったオマツリジャパンだが、単なるイベント企画会社とは一線を画している。その特徴は、社員全員が祭りに対して強い思いがあり、そして日本中にある多様な祭りを、「地域文化」として尊重する姿勢があることだ。実際にオマツリジャパンでは、全国の祭りに社員が参加する場合、交通費を半額補助する制度を設けている。

ベンチャー企業というと激務のイメージが強いが、オマツリジャパンでは「個を尊重し、多様性を受け入れる」働き方を推進している。

例えば子供2人を持つ男性社員は、子供が病気の際には会

オマツリジャパンでは個を尊重し、多様性を受け入れる働き方を推進している

社を休み、また幼稚園送迎のために始業時間を30分遅くすることを会社に認めてもらっている。また代表の加藤さんは2019年3月に第一子、20年7月に第二子を出産したが、「第一子よりも第二子の時のほうが、社員やアルバイトが増えているので仕事を任せられ、私は夕方5時に退社することができます」とのことだ。

このようにオマツリジャパンは、持続可能なビジネスモデルを確立しながら、社員たちも働きやすい環境にして「作り手よし」を実現している。

2020年のコロナ禍で、全国のお祭りの多くは開催中止を余儀なくされたが、オマツリジャパンには祭りの主催者からの相談が相次いだ。そして一部の祭りはオンライン開催となり、オマツリジャパンはオンライン配信をサポートする業務を開始した。

さらに2021年にオマツリジャパンは、祭りや季節イベント、伝統文化、文化財に関する市場調査を実施するシンクタンク「祭り・イベント総合研究所」を立ち上げ、「コロナ禍における祭り・イベント関係者の動向・意識調査」を実施した。

この調査結果によると、21年度には9割以上の祭り関係者が祭りを開催する方針であることが分かった。しかしコロナ後の開催について多くの課題や懸念が寄せられており、対応策を講じていく必要がある。感染予防対策について、公益社団法人日本青年会議所が「祭り・イベント等開催に向けた感染拡大防止ガイドライン」を策定したが、オマツリジャパンはそのガイドライン策定にあたり主要なアドバイザーとして関わった。

「地方にある、いろんな『奇祭』が好きなんです」と加藤さんは笑顔で語る。オマツリジャパンは大規模な祭りだけでなく、地域文化に根付いた祭りや、地域活性化につながる小さな祭りの存続も支援している。このようにオマツリジャパンは、地域活性化の「世間よし」と、日本の祭り文化を未来へつなぐ「未来よし」も実践している。そして取材の最後に、加藤さんが私に語った言葉が印象的だった。

「今年のお祭りが盛況だったらいいということではないのです。今年のお祭りが無事に終わって、来年も継続して開催できること、それが大切なんです」

第4章

地域資源の価値を高める「六方よし経営」

5事例

事例⑩ 株式会社東京チェンソーズ 東京都檜原村

事例⑪ 株式会社リバークレス 岐阜県海津市

事例⑫ 株式会社うなぎの寝床 福岡県八女市

事例⑬ NPO法人みなとまちセラミカ工房 宮城県女川町

事例⑭ 合同会社シーラカンス食堂 兵庫県小野市

column ablabo.

column おくりいえ

column 鶴亀の湯・鶴亀食堂

地方には豊かな自然や農産物があり、また地域産品や伝統工芸品もあるが、それらは過小評価されていることが多い。そうした地域資源に「価値の発見」をして、持続可能なビジネスを創出している地域起業の「六方よし経営」5事例を取り上げる。

地場産業や伝統工芸をデザインの力で再生

東京都檜原村《ひのはらむら》で林業ベンチャーとして活躍する「東京チェンソーズ」は、林業組合から独立し持続可能な働き方に変え、地域も活性化して「作り手よし」「世間よし」「未来よし」とした。また「一本まるごとカタログ」を作成して木の端材を販売し、「売り手よし」「買い手よし」「地球よし」も実現する。さらに「東京美林倶楽部」を設立し、消費者と共に檜原村に未来の森をつくっており、林業の6次産業化のモデルケースである。

岐阜県海津《かいづ》市で「ハリヨの柿酢」を醸造している伊藤由紀さんは、廃棄処分になっていた規格外の富有柿約3000kgを買いつけて、伝統的な静置製法で柿酢を醸造している。もろみかすを肥料や飼料に提供し、柿の種からコーヒーを焙煎《ばいせん》するなど循環型の地域経済を創出して、「作り手よし」「世間よし」「地球よし」「未来よし」を実現している。

福岡県八女《やめ》市の「うなぎの寝床」を経営する白水《しらみず》高広さんは、衣食住に関するさまざまな地域産品のアンテナショップを経営する。また久留米絣《がすり》のもんぺメーカーでもあり、コンテンツ制作やまちづくりのコンサルティングも行い、「地域文化商社」として「作り手よし」「世間よし」「未来よし」に貢献している。さらに製造過程から出る糸から靴下を作るなど、「地球よし」の事業にも関わっている。

宮城県女川町《おながわちょう》の「みなとまちセラミカ工房」を運営する阿部鳴美さんは、東日本大震災で甚大な津波被害を受けて、色を失ってしまった女川町を、「越境学習」で学んだスペインタイルで装飾し、被災地に彩りと希望をもたらしている。スペインタイルで地域を活性化するだけでなく、被災地に新しい雇用を生み出しており、「作り手よし」「世間よし」「未来よし」の事業となっている。この事例は、被災地における復興のモデルケースといえる。

兵庫県小野市の「シーラカンス食堂」のＣＥＯで、デザイナーの小林新也さんは、「播州そろばん」や「播州刃物」といった地域産品や伝統工芸品をデザインの力で再生し、国内外に新たな販路を開拓して「作り手よし」「世間よし」を実現している。さらに「播州刃物」の職人育成システムづくりにも取り組んでおり、日本の地場産業や伝統工芸を未来につなげ「未来よし」でもある。

新しい視点で地域資源を見直すと、本来の価値が見えてくる。そして地域資源を魅力的にするのは、商品や働き方を新しくデザインする力であることが、この5事例から分かるだろう。

衰退していく林業で、6次産業化を推進する「六方よし経営」

株式会社東京チェンソーズ

東京都檜原村

森林組合から独立して、林業ベンチャーを興した青木亮輔さん

代表取締役　**青木亮輔**さん

東京チェンソーズの六方よし

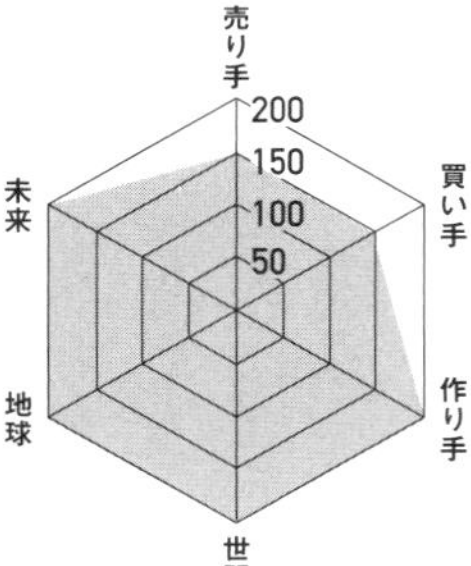

作り手よし 未来よし	「日当1万円」の森林組合から独立し、新しい働き方と稼ぎ方を実現した。林業の6次産業化を推進して、持続可能な林業にしている
世間よし 未来よし	檜原村に「トイビレッジ構想」を提案し、木のおもちゃ等工房や森のおもちゃ美術館の設立に協力、檜原村の地域活性化に貢献している
売り手よし 買い手よし 地球よし	「一本まるごとカタログ」を作り、材木だけでなく木の端材も消費者に提供して、無駄なく販売している

「東京都で林業」というと意外に思うかもしれないが、実は東京都の面積の約4割は森林である。そもそも日本の国土面積の約67%は森林で、森林は日本に豊富に存在する天然資源なのだ。森林は再生可能なエネルギー資源であり、また気候変動による土砂災害やCO_2排出削減といった環境問題にも深く関係している。

森林を育て管理し、木材にして販売する林業は、戦後の木材需要の高まりで急成長した。しかし1970年代に変動為替制度への移行と木材の輸入自由化によって、国産の木材価格が急落し、林業は衰退の一途をたどる。林業人口は1970年に約20万人だったが、2015年には約4万5000人まで減少した。その結果、森林の管理が十分に行われなくなった。また戦後は住宅需要を見込んでスギとヒノキの人工林が激増して、スギ人工林は日本の森林面積の約18%、ヒノキ人工林は同じく約10%を占めるようになった。これらが花粉症の原因となっていることは、周知の通りである。

このように社会課題が多い林業で、青木亮輔さんが率いる「東京チェンソーズ」は、「東京の木の下で、地球の幸せのために、山のいまを伝え、美しい森林を育み、活かし、届けます」を経営理念とし、「六方よし経営」を実践している林業ベンチャーである。

青木亮輔さんは大阪府大阪市出身で1976年生まれ。父親の仕事の都合で、小学校6年生の時に千葉県船橋市に引っ越し、そこで育った。子供の頃、夏休みは母親の実家がある岩手県久慈市で過ごし、山や海に囲まれた大自然の中で遊んだ。

青木さんは中学生のときに、冒険家の植村直己の映画や本に出会い、植村直己や冒険への憧れの気持ちを持つようになった。そして海外の登山や洞窟の発見などで有名な東京農業大学の「探検部」に入ることを目指し、東京農業大学の各学部を片っ端から受験して、林学科（現在の森林総合科学科）に何とか合格することができた。青木さんはその時点では、林業に関心を持っていなかったという。

青木さんは念願の探検部に入部し、在学中はモンゴルに洞窟調査に行ったり、中国青海省の奥地にあるメコン川の源流航行踏査に参加したりした。

探検部では未知のことに挑戦するが、事前に入手できる限りのデータを綿密に分析し、探検の実現可能性を検討する。その過程で探検の目的を再確認しながら、実現可能性の高い事業計画書に仕上げていく。探検部でのこうした経験は、青木さんが林業ベンチャーを経営する際に、さぞ役に立ったことだろう。

青木さんは2000年に大学を卒業したが、就職氷河期で希望する会社になかなか入れず、林業とは全く関係がない教育系出版社の営業職に就いた。しかしその仕事には向いていないことが分かり、1年で退職する。

「小さくても強い林業」と「顔の見える林業」を目指す

青木さんは自分が本当にやりたい仕事は何かと考えた末、「自然を相手にする仕事をしたい」と思った。そして具体的なイメージとして、アルバイトで造園の仕事をした時の「地下足袋を履いて仕事をする」ことが浮かんだ。そこから「大学時代に学んだ林業の仕事がしたい」という強い気持ちを持つようになり、関東周辺で林業関係の仕事をくまなく探した。

ちょうどその時期に東京都の緊急雇用対策事業で、檜原村の森林組合で半年限定の仕事があった。青木さんが応募すると採用され、林道を造る仕事をすることになった。青木さんはその時に初めて檜原村を訪れた。檜原村の森林率は約93％で、東京都とは思えないほど山深いところである。

青木さんは「山好きの自分には天国のようなところ、ここでずっと働きたい」と思い、林業関係者にその気持ちをアピールした。その結果、雇用期間はもう半年間延長され、その後は檜原村森林組合の作業員として採用された。しかし採用されたといっても日当は1万円で、社会保険などは付いていなかった。しかも雨で作業がなければ、日当も支払われないという厳しい雇用条件だった。

それから青木さんが林業ベンチャーを起業する上で、幸運なことが3回続く。まず2001

年に全国森林組合連合が実施する「緑の雇用担い手対策事業」が始まり、青木さんは第一期生に選ばれ、日当をもらいながら、林業全般の技術研修を受けることができた。そして02年に多摩地区の6つの森林組合が合併し、東京都森林組合が新しく設立された。それぞれの森林組合に所属していた若手との間で横の連携ができ、青木さんは「東京チェンソーズ」の創業メンバー3人に出会うことができた。

さらに2004年に青木さんは人事異動で、森林組合の事務職をすることになった。林業の現場でもっと働きたいという気持ちもあったが、事務職を1年半経験したことで、林業に関する申請書類の書き方や労務管理などの実務が身に付いた。このことは、のちに林業ベンチャーを起業し経営する上で、青木さんの強みになる。

東京都森林組合で働いていた青木さんたちは、林業が好きで、これからも林業を生業《なりわい》としていきたいと希望する若者だった。しかし日当は一律1万円で、昇給やボーナス、社会保険もない。青木さんたちは約1年間、雇用条件の改善について森林組合と話し合いを続けた。組合側は若い人たちの働きを認めていたものの、「一部の人たちだけ、雇用形態を変えることはできない」という回答だった。周りに独立をすすめる人たちもいたことから、2006年7月に青木さんたち4人は森林組合から独立し、「東京チェンソーズ」を起業した。1人15万円ずつ出し合って、とりあえず必要な資材を購入したという。

東京チェンソーズという名前は、広報を担当する木田さんの発案だが、「どこで、何をしている会社なのか」が分かりやすく、かつ印象に残るいいネーミングだ。「チェーンソーズ」だと長くて言いづらかったため、あえて「チェンソーズ」にしたという。また起業時のメンバー4人は平均年齢32歳、4人とも既婚者で子供がいる人もいた。そのため、「月給制と社会保険、毎週日曜日休み」という労働条件を定めて、それを達成できるように、売り上げを確保していくことになった。

東京チェンソーズは、「小さくても強い林業」と「顔の見える林業」を目指して、「林業の6次産業化」を進めていく。林業の6次産業化とは、1次産業である林業で得られる生産物の価値を高めて、収益を増やすことである。具体的には、木材の加工をし（2次産業）、さらに木材の販売やサービス業を行う（3次産業）ことだ。1次産業が2次産業と3次産業も手がけるので、合計して6次産業化と呼ぶのである。

そして「小さくても強い林業」、すなわち「しっかり稼げる林業」を実現するためには、まず森林組合からの仕事を受注する下請けから、自治体の入札に参加したり山主から直接依頼を受けたりする元請けになる必要があった。

そのために2007年3月に檜原村の建設工事等競争入札参加資格を取得し、09年4月には東京都の入札資格を得て、さらに12月には東京都の林業認定事業体になった。この時点で意見が異なる創業メンバー2名が、東京チェンソーズから独立し、別の地域で林業関係の起業をした。11年2月には、青木さん個人が資本金100万円を用意して法人化し、「株式会社東京チェンソーズ」となった。

「一本まるごとカタログ」で、隠れた需要を掘り起こす

転機となったのは、2014年に約10haの自社林を購入したことだ。最初は山を借りることを山主に相談したが、逆に山主から「買わないか」と提案された。その山は東京チェンソーズの事務所や、公共の駐車場や公衆トイレからも近く、理想的なロケーションであったため、借り入れをして山を購入することにした。大きな決断であったが自社林を持ったことで、木を切ってさまざまな製品を作ったり山に人を招いたり、自由に山を活用できるようになった。

木をさまざまな用途に加工することについて、青木さんが最初に手がけたのは、後述する木のおもちゃの製造で、その次は東京都産の木材を使った家を建てる「TOKYO WOOD」プロジェクトだった。

さらに青木さんは木を1本まるごと販売するプロジェクトを始めた。消費者が分かりやすいように「一本まるごとカタログ」を作り、丸太以外のすべての部位を、市場を通さずに希望す

｜1本まるごと販売｜

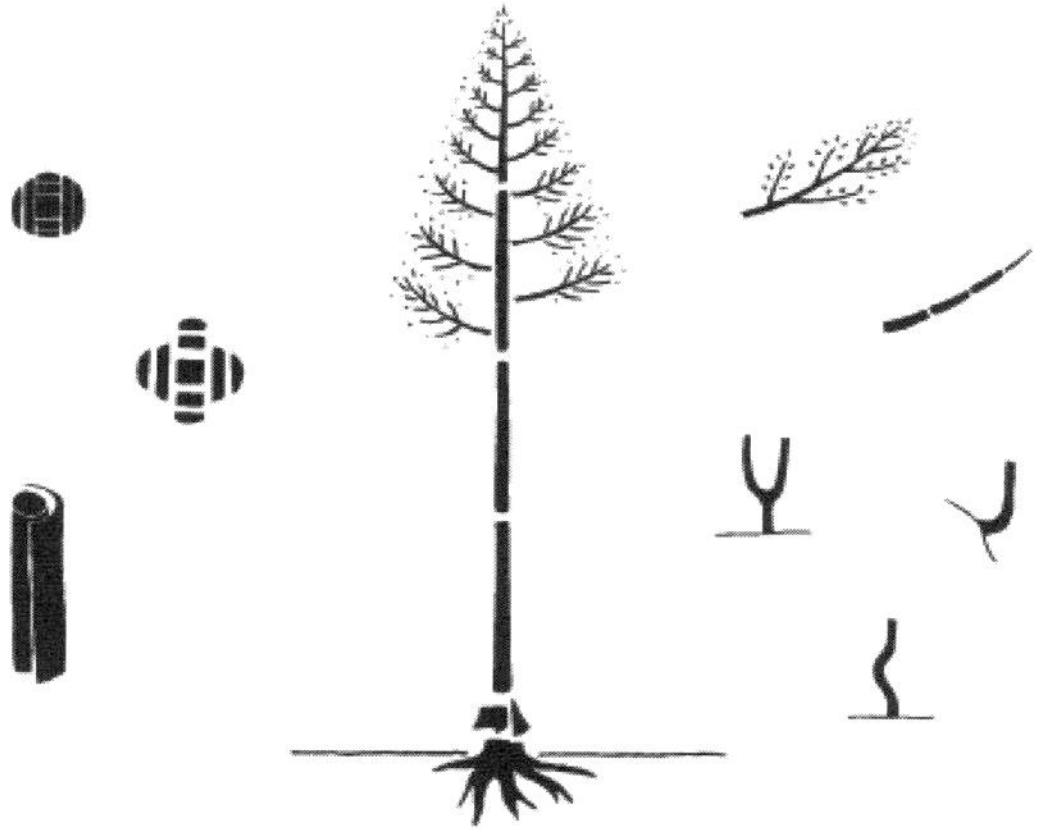

「一本まるごとカタログ」では、木にどのような部位があるのか示している。使い方は消費者が見いだす

る人に販売できるように工夫した。

例えば木の先端部分を最初に買った人は、劇団の舞台美術担当の人だった。購入した木の先端部分を舞台に配置したそうだ。その他にも、空間デザイナーがウッドチップを床に敷き詰めたり、切り株でテーブルや椅子を作ったりする例がある。一本まるごとカタログで木の部位を具体的に提示することで、使う側がいろいろなアイデアを考えることが可能になるのだ。今まで捨てていた木の部位も、残らず販売できるようになり、東京チェンソーズは木を有効利用するだけでなく、収入を増やすことができた。こうして一本まるごとカタログで、「売り手よし」「買い手よし」「地球よし」が実現している。

そして「顔の見える林業」とは、作り手と

買い手が直接取引することである。前述の通り、森林組合の下請けから、自治体や山主から依頼を受ける元請けになったこともその一つだ。元請けとなって依頼主から直接要望を聞くと、より良い仕事ができる。また山仕事が終わったあとに依頼主から直接、仕事ぶりを褒められたり感謝されたりすることで、モチベーションも上がるのだ。

また東京チェンソーズでは、メインの丸太をじっくり天然乾燥させて木の香りを残し、独特の艶がある木材にしている。そうした特別加工の木材は、市場を通さずに直接販売する。前述のTOKYO WOODプロジェクトを通じて住宅に使われたり、デザイナーを通じて幼稚園の遊具やバーカウンターに使われたりする。

一般の人からも「顔が見える林業」にする取り組みとして、2010年からツリークライミング講座を開催した。これは少しでも森に興味を持ってもらおうと始めたことである。青木さんはツリークライミングの資格を取り、檜原村にある「東京都檜原 都民の森」でツリークライミング講座を実施した。

さらに2015年に自社林を活用して、「東京美林倶楽部」を始めた。この倶楽部に参加したい人は入会金として5万円を支払って会員になり、その後、年会費1000円を30年間支払う。会員になると檜原村に来て3本の苗木を植えて、下草刈りや枝打ち、間伐といった一通りの山仕事を毎年経験する。25年後と30年後には、間伐した2本の木材を手に入れることができ、残りの1本はそのまま森に残す。

東京美林倶楽部は、結婚や子供が生まれたタイミングで会員になる人が多い。お祝い金などを入会金にして、25年後と30年後に2本の木材を得て、家具や記念品を作るのを楽しみにするという。すでに250人の個人会員と3社の法人会員がいる。東京美林倶楽部という仕組みは、消費者と一緒に未来の森をつくり出しており、「買い手よし」「作り手よし」「地球よし」「未来よし」の取り組みだ。

東京美林倶楽部は檜原村に来てもらう企画だが、2017年には「森のデリバリー」も始めた。森のデリバリーとは、改造した軽トラックにいろいろな木の部位を載せて、ショッピングセンターや公園に出向いて、そこで木を使った工作をする企画だ。

また青木さんは、木材の活用方法として「木のおもちゃ」に注目していて、東京おもちゃ美術館に通い日本グッドトイ委員会公認の「おもちゃコンサルタント」の資格を取得していた。

その頃に林野庁が「木育《もくいく》」推進のために、赤ちゃんに木のおもちゃをプレゼントする「ウッドスタート」事業を予算化していた。青木さんは、檜原村の「村長への手紙」という制度を通じて、「ウッドスタート事業を始め、檜原村を木のおもちゃの村にする」ことを提案する。その手紙が村長の目に留まり、青木さんは村長と直接会うことができ「檜原村トイビレッジ構想」が始まった。

木のそれぞれの部位を展示し、買い手がイメージしやすくする

「森のデリバリー」は、木のさまざまな部位をトラックに載せ、出張ワークショップを開催

■東京チェンソーズの事業構造

1次産業（林業）	2次産業（製造業）	3次産業（サービス業）
東京都からの山仕事 市町村からの山仕事 山主からの山仕事 自社林の管理（2014年）	木のおもちゃ（2015年） TOKYO WOOD（2016年） 一本まるごとカタログ（2018年） ディスプレーへの提供（2019年） オンラインストア（2020年）	ツリークライミング体験会（2010年） 東京美林倶楽部（2015年） 森デリバリー（2017年） 6歳になったら机を作ろう（2019年） 檜原村 森のおもちゃ美術館 （2021年秋に開館予定）
売り上げの60%	売り上げの30%	売り上げの10%

檜原村は２０１４年からウッドスタートを始め、19年に「おもちゃ等工房」を設立した。東京チェンソーズはその工房を借りて、「６歳になったら机を作ろう」プロジェクトを始める。そのプロジェクトでは、参加者は午前中に森に入って実際に木を切る「きこり体験」をした後、工房で木の机を作る。

さらに２０２１年11月には、「檜原村 森のおもちゃ美術館」が開館予定である。このように東京チェンソーズは、檜原村で林業の６次産業化に大きな貢献をし、過疎化に悩む檜原村をさまざまなかたちで活性化しており、「作り手よし」「世間よし」「未来よし」を実践している。

林業の６次産業化をさらに推進する林業ベンチャー

東京チェンソーズの仕事内容をまとめると、上の表のようになる。最初は東京都からの山仕事の下請け１００％だった。今でも山仕事の比率が売り上げの60％と多いが、少しずつ木の製造業、木のサービス業が増えている。そして現在の年商は、約1億円にまで成長している。

東京チェンソーズが15年間で林業の6次産業化をこれだけ推進できたのは、代表の青木さんがアイデアにあふれ、それを着実に実行していくリーダーであったことがある。そして創業時から青木さんと共に東京チェンソーズを支えてきた、広報担当の木田正人さんの存在も大きい。

木田さんは青木さんよりも10歳上で、雑誌のライターから書店員を経て林業に転職した。東京チェンソーズは創業当初からホームページを持ち、またブログで林業について発信し続けてきた。木田さんのように他者を取材する経験がある人が広報を担当すれば、効果的な広報ができる。こうして東京チェンソーズは、短期間で林業の6次産業化を推進できたのである。

東京チェンソーズの社員には、林業や環境の仕事を経験して入社する男性が多いが、それ以外にも多様な人材がいる。林業事業部とマテリアル販売事業部の両方に属する吉田尚樹さんは、米国の大学を卒業し、外資系コンサルティング会社に8年勤務していた。しかし「自分がしている仕事が、社会や地球に対して、どんな意味があるのか」という疑問を持ち退職した。その後、たまたま林業関係の研修に参加すると、青木さんが講師に来ており、そのことがきっかけとなって、2010年6月に吉田さんは東京チェンソーズに入社した。

また「林業女子」もいる。最初の女性社員である飯塚潤子さんは、東京大学農学部林学科を

多彩な人材が集まり、林業を幅広い分野に展開していく

卒業後、国際見本市の主催会社に4年、林野庁の外郭団体に1年勤めた後、2013年5月に東京チェンソーズに入社した。飯塚さんは最初の3年間、林業の現場で働き、東京チェンソーズの同僚と結婚して2児を出産した。産休から復帰した後は、広報と商品企画を担当している。

現在、東京チェンソーズには16人の社員とアルバイトがいるが、そのうち4人が女性である。このように東京チェンソーズ自体が、多様な人材の森になっている。今までの林業には存在しなかった新しい組織であり、「作り手よし」「未来よし」である。

今までの林業では「目で覚えろ」と言われ、新人は親方の作業を見てまねていた。しかし東京チェンソーズでは、新人に言葉で林業を教えるという。言葉で林業を教えてもらった人は、入社してきた新人にも言葉で教えることができる。小さなことかもしれないが、こういう点が日本の地場産業や伝統工芸の活性化には必要なことである。

「これから林業を目指す人たちには、どんなことが重要だと思いますか」と私が質問すると、青木さんは「林業の知識や基本的な技術もそうですが、一番重要なのは想像力だと思います。森が30年後にどうなるかを想像しながら、今作業することが大事なんです」と語る。

情報が閉ざされ衰退していた林業だが、東京チェンソーズの幅広い活動によって、森や木材に関心を持つ人々が増えている。新しい働き方と稼ぎ方で、檜原村の林業を持続可能なかたちにしている東京チェンソーズは、「売り手よし、買い手よし、作り手よし、世間よし、地球よし、未来よし」の「六方よし経営」を見事に実現しており、地域起業のモデルケースである。

事例⑪

廃棄処分されていた規格外の柿を活用して、柿酢を醸造する「六方よし経営」

株式会社リバークレス

岐阜県海津市

代表取締役 伊藤由紀さん

経営コンサルタントからUターンして、地元の資源を活かす事業を始めた伊藤由紀さん

リバークレスの六方よし

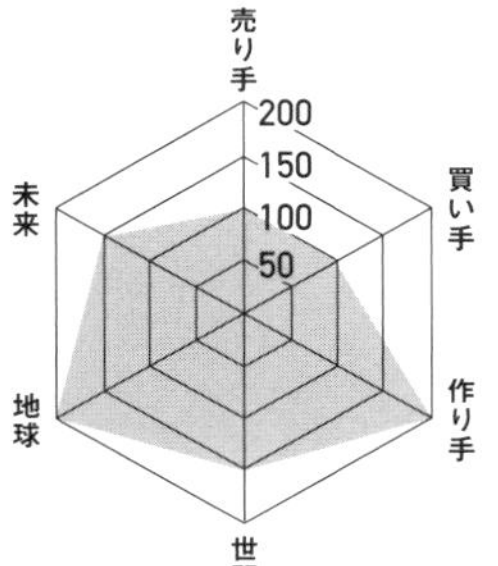

作り手よし **世間よし** **地球よし**	廃棄処分されていた規格外の柿3000kgから柿酢を醸造するなど、地域資源の有効活用をしている
地球よし **未来よし**	柿酢醸造時に出る搾りかすを堆肥や飼料に活用し、さらに柿の種を自然乾燥して「柿の種コーヒー」を商品化、循環型の地域経済を創出している

岐阜県海津市にUターンした伊藤由紀さんは、地元特産の富有柿の規格外品を活用し、水を一滴も加えない伝統的な製法で「ハリヨの柿酢」を醸造している。柿酢を醸造する際のしぼりかすを畑の堆肥やうずらの飼料に活用、さらに生産工程で取り出される柿の種を焙煎しカフェインレス・コーヒーを製造するなど、循環型の地域経済を創出して「六方よし」経営を実現している。

伊藤由紀さんは1971年生まれ。名古屋大学理学部化学科から大学院に進み、反応分析化学で修士課程を修了した。卒業した96年は就職氷河期が始まった時期で、希望する化学メーカーへの就職が難しい状況だった。そんな中、学科の先輩がIT分野に就職した経験を聞き、伊藤さんはIT分野にも対象を広げて就職活動をしたところ、NTTに就職することができた。入社後は企業の業務システムを設計する部署に配属され、東京や関西で7年間勤務した。戦略的なコンサルティング分野に興味があったことから、その後、外資系コンサルティング会社に転職して3年間勤務した。

伊藤さんは都会の大企業で10年間バリバリ働いたが、会社の利益が重視される考え方や、働く人の関係性が希薄な環境に疑問を持つようになり会社を辞め、1年半ほど会社という組織から距離を置く時期を送る。その間、英語力の向上のためにアイルランドに語学留学をしたが、そこで出会った自由な発想のイタリア人やサウジアラビア人の留学生から、仕事や人生観について、大いに刺激を受けたという。

Uターンする気は全くなかったのに、帰郷して起業

そうした「第二の越境学習」を終え、東京に戻った伊藤さんは2007年に「株式会社リバークレス」を設立、組織ではなく個人として経営コンサルティングの仕事を再開する。社名の由来は、故郷の川の流れを眺めていろいろ考えることが好きで「リバー」とし、そして未来が大きく広がるようにと、音楽用語で「だんだん大きくなる」意味の「クレッシェンド」から「クレス」を取り、「リバークレス」と名づけた。

東京で再開したコンサルティングの仕事の合間に、伊藤さんは岡山県美作《みまさか》市で行われていた、棚田の再生活動に参加した。棚田の草刈りをしたり、里山に行きチェーンソーで間伐材を切ったり、初めてすることばかりだった。そうした作業を予想外に面白いと感じて、地域活性化の活動にも興味を持ち始めた。

2011年からは、ふるさとの海津市で耕作放棄されていた祖父の柿畑を、近くに住むいとこと一緒に再生していった。将来Uターンすることは全く考えておらず、祖父の柿畑の再生は、

単なる気晴らしとしてやっていたそうだ。海津市は養老山地の麓にあり、水はけの良い扇状地を利用した富有柿が特産品だ。伊藤さんは収穫した柿を利用して、柿のジャムやスイーツを作り始め、柿酢作りにも挑戦した。

「いろいろと実験してみるのが大好きなんです」という伊藤さんは、試作品の柿酢を1号から始まり18号まで作ったという。さまざまな製法で柿酢を作っているうちに味も安定し、おいしい柿酢を作れるようになった。そして作った柿酢を友達に試食してもらうと好評だったため、伊藤さんは柿酢を醸造して販売するビジネスに取り組む決意をする。

伝統的な静置製法で柿酢を醸造する伊藤さん

伊藤さんの座右の銘は、スティーブ・ジョブズが2005年に米スタンフォード大学の卒業式で行ったスピーチの一節、「最も大事なことは、自分の心と直観に従う勇気を持つこと」という言葉だ。伊藤さんは試行錯誤の末においしい柿酢ができたとき、「柿酢はいける。何だか楽しそう」と直観したという。

こうして「柿酢」の製造に取り組むこと

を決心した伊藤さんは、まず醸造する場所を探した。幸いにも使っていない倉庫が、すぐに見つかった。経営コンサルタントとして企業の事業計画づくりに携わってきた伊藤さんだったが、経験のない柿酢の醸造設備の投資は、想定外のことばかりだった。当初の投資予定金額をはるかに超えてしまい、自己資金に加えて農工連携の補助金も活用したが、不足分は銀行から借り入れをすることになった。

2016年11月、伊藤さんは地元の選果場で、規格外として廃棄されていた富有柿約3000kgを買いつけた。そして近所の人たちを約1カ月間、アルバイトで雇い、柿を一つ一つ丁寧に拭いて汚れを取り、ヘタと種を取り除いてカットした。そのように加工した柿を醸造タンクに入れると、柿が持つ糖分でアルコール発酵（一次発酵）するため、半年ほどでもろみ（柿のワイン）ができる。次に、もろみを絞った液体をさらに半年かけて、酢酸発酵（二次発酵）させると柿酢が出来る。

こうして出来た柿酢をさらに1年以上、じっくりと熟成させる。伊藤さんは水や砂糖などを一切加えずに柿100％で柿酢を醸造し、静置発酵と呼ばれる伝統的な酢の製法を採用している。このように年間約3000kgもの規格外の柿を活用して、柿酢を醸造していることは、まさに「作り手よし」「世間よし」「地球よし」である。

柿はビタミンAやCが豊富でカリウムも多く、「柿が赤くなれば、医者が青くなる」といわ

天然記念物のハリヨ　写真提供：岐阜県海津市

「ハリヨの柿酢」100ml入りスポイト瓶は、卓上でも使いやすい

れるほどである。伊藤さんが出来上がった柿酢の成分を調べると、柿酢には純米酢に比べて、アミノ酸が約5倍も多く含まれていた。また血液中の塩分を排出するカリウムも、純米酢に比べて約16倍も多く含まれている。

こうして出来た柿酢を、伊藤さんは「ハリヨの柿酢」と名づけた。「ハリヨ」とは、岐阜県や滋賀県の湧水地区にだけ生息する全長2cmほどの淡水魚で、海津市の天然記念物や環境省の絶滅危惧種に指定されている。

伊藤さんの出身地である岐阜県海津市は、木曽川・長良川・揖斐《いび》川の木曽三川が流れ、西側には養老山地が連なる山紫水明の地である。伊藤さんは「子供の頃から、近所の清流を泳いでいるハリヨが大好きでした。ハリヨがずっと生きていけるような、清らかな環境を保ちたい」という思いがあり、ハリヨの柿酢というブランド名にしたのである。

柿酢は調味料としてほんの少しだけ使うので、ハリヨの柿酢は、スポイトが付いた100mlのボトルで主に販売される。スポイトボトルを採用したのは、化学科出身の伊藤さんらしい発想だ。スポイト式になっていると少量の使用に便利で、またスタイリッシュな容器は、テーブルの上にそのまま置きたくなるデザインである。多く使う人にはワインと同じ720mℓ入りのボトルがあり、業務用には一升瓶でも販売している。

また伊藤さんは、バーボンやシェリー酒、ワインなどの仕込みに使われた4種類の樽を手に入れ、柿酢をそれらの樽で熟成させて多品種化している。こうしたサイズ展開や多品種化の努力で、ハリヨの柿酢は首都圏の食のセレクトショップなどで販売され、一流シェフや料理研究家にも愛好されるようになった。そうした食の専門家からは、「香り豊かな柿酢をアイスクリームにかけて食べる」といった新しい楽しみ方も提案されている。またハリヨの柿酢は、海津市のふるさと納税の返礼品にも選ばれている。

柿酢の醸造から、循環型の経済を創出

伊藤さんは、柿酢を作った際のしぼりかすを、肥料として利用したり、手作りの発酵飼料で育てている静岡県のうずら鶏舎に提供したりもしている。さらに生産工程で取り出される柿の種を自然乾燥し、地元のコーヒー焙煎職人とコラボして、「柿の種コーヒー」を商品化した。この柿の種コーヒーは、コーヒー豆で作るコーヒーと違いカフェインレスなので、カフェインが苦手な人や妊娠中の女性でも、安心して飲むことができる。このように伊藤さんは柿酢づくりから、循環型の地域経済を創出し、「地球よし」「未来よし」を実現している。

伊藤さんが柿酢で起業したのは40代半ばで、ものづくりの起業としては遅いほうかもしれない。しかし伊藤さんは経営コンサルティングの実務経験を活かし、短期間で柿酢をブランド化

している。ハリヨの柿酢は醸造に2年以上かかり生産量にも限りがあることから、100mℓ入りが1350円(税込)と、酢としては高価格となる。「正直、販売は楽ではありません」と伊藤さんは語る。しかし柿酢は年月を経て熟成する商品であり「待ってくれる商品」でもある。

柿というと、岐阜県瑞穂市発祥の富有柿が有名だが、海津市で生まれた陽豊《ようほう》柿という品種もあるそうだ。伊藤さんは仲間と共に、地元の人が管理するのが難しくなった柿畑を借りて、陽豊柿の栽培技術の継承とブランド化にも取り組んでいる。

廃棄処分されていた規格外の柿という地域資源を活用し、本物志向のものづくりをしている伊藤さんの挑戦は、素晴らしい地域起業である。

途絶えそうだった伝統の油搾りの製法を未来につなげる

ablabo.

「ハリヨの柿酢」の伊藤さんと同じく、女性の地域起業事例として、岡山県西粟倉村《にしあわくらそん》でablabo.《アブラボ》を起業した蔦木《つたき》由佳さんがいる。蔦木さんは、94歳の油搾り職人から技術を継承し、人口1400人弱の西粟倉村で起業した。伝統的な製法で作られた新鮮な油を、インターネットを通じて全国に販売している。

蔦木由佳さんは、兵庫県香美町《かみちょう》出身で1988年生まれ。将来は国連で働くことを目指して、大阪外国語大学に入学（大学統合で卒業時は大阪大学）した。大学2年生のときに、留学するために1年間休学し、大阪・梅田に立派なオフィスを構えていた留学仲介会社を通じて、カナダに留学する予定だった。

ところが留学前にその会社が倒産し、留学費用70万円のローンだけが残ってしまった。蔦木さんは大きなショックを受けると共に、社会に対して疑問を持つようになっ

伝統的な油搾り製法で作られたablabo.商品

たという。

夢だった留学もできず、大学をすでに休学していた蔦木さんは、地域起業にも興味があり、岡山県西粟倉村にあるローカルベンチャー「株式会社西粟倉・森の学校」で、1年間インターンをすることにした。インターン期間中は、森の学校が商品開発した木の床貼りタイルを、大阪で不動産会社や保育園などに売っていた。

その後、蔦木さんは大学に復学し、4年生のときに就職活動で、合同会社説明会に参加してみた。参加している大学生が全員、制服のように同じ格好をしている状況を見て、1回の参加で嫌になってしまった。蔦木さんの大学時代には、リーマンショックや東日本大震災が起こっており、「変化が激しい時代には就職ではなく、自分で仕事を生み出すほうがいい」と思うようになったという。

2012年3月に大学を卒業すると、蔦木さんは学生インターンをした森の学校に入社して働きながら、自分で起業することを模索する。

翌13年の1月に友人と小豆島を旅行した際、搾りたてのオリーブオイルに出合い、そのおいしさに魅了された。工場で大量生産される食用油のほとんどは溶剤を使って抽出され、さらに脱臭や脱色加工されている。しかし蔦木さんが出合った搾りたてのオリーブオイルは、素材そのもののおいしさが感じられた。

起業するなら、都会よりも地方がいい

それからは「油」で起業できないか、各地の油搾りの会社を訪問した。そのうちに、伝統的な製法で油搾りをする、94歳の職人が岡山県津山市にいることを知り、直接会いに行った。この職人に後継者はおらず、種の風味や特性を活かした油搾りの伝統的な製法は、このままでは途絶えてしまうことが分かった。そこで蔦木さんが弟子入りを願い出たところ快諾され、油搾りの技術を継承することになる。

蔦木さんは2014年7月に森の学校を退職し、油搾りの師匠の下で技術を学んだ。蔦木さんは、その土地に古くからある技術を継承しており、まさに「地産地承」の実践である。技術を学ぶと同時に事業計画を立て、日本政策金融公庫から100万円の融資を受けた。そして西粟倉村の協力で作業場を確保し、翌15年1月に起業した。

起業してからは、油の原材料であるゴマやヒマワリの確保に苦労したという。また自社製造分だけだと十分な収入にはならなかったので、市販の油を使ってハーブオイルの商品開発をしたり、油の製造委託も請け負ったりして、売り上げ確保に努めた。

さらに2016年7月から3年間、西粟倉村に地域おこし協力隊として来た女性をスタッフとして採用し、油搾りの技術を彼女に伝授した。地域おこし協力隊の期間終了後も、その女性はスタッフとしてablabo.で働いている。

「油搾りができるスタッフを確保して、私は『商品に対する思いを伝える』営業活動を、積極的にしていきたいと思っていました」と蔦木さんは語る。修得した技術を他の人に伝えて、経営者がいなくても製造できるようにしておくことは、とてもいい発想だ。また要件を満たし自治体が了承してくれれば、起業する人自身が地域おこし協力隊となって、地域起業をすることも可能だ。

蔦木さんは「起業するなら、都会よりも地方がいいと思います。地域の人たちは何かと気にかけてくれ、お米や野菜をおすそ分けしてくれたりして、とてもありがたいです」と語る。

蔦木さんが94歳の職人から技術を承継したことは、地域でも話題となり、岡山県の各種メディアで紹介されたという。また開発した油は2017年に、JR西日本が主催する「第7回ふるさとあっ晴れ認定」で大賞となり、JR岡山駅のショップでも販売されている。

このように地方で起業すると、地元メディアが取り上げてくれる確率が高くなり、地元の人や自治体などからもサポートを受けやすい。ablabo.の事例は、地域にあった伝統的な暮らしの技術を「地産地承」した地域起業であり、「作り手よし」「世間よし」「未来よし」となっている。

事例⑫

地域資源の価値を発見し、作り手と地域の未来を明るくする「六方よし経営」

株式会社うなぎの寝床

福岡県八女市

代表取締役 白水《しらみず》高広さん

うなぎの寝床の代表取締役、白水高広さん

うなぎの寝床の六方よし

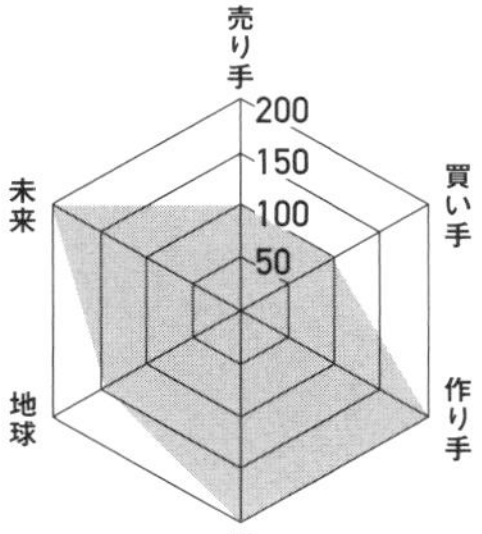

作り手よし 世間よし 未来よし	衣食住に関するさまざまな地域産品の魅力を伝える「地域文化商社」として活動している。さらに地域の活性化のためにコンテンツ制作や、まちづくりのコンサルティング業務をし、地域の魅力を未来につなげている
地球よし 未来よし	久留米絣を織るときに出る糸を集めて丈夫な靴下を作るなど、循環型の資源利用に取り組んでいる

福岡県八女市の「株式会社うなぎの寝床」は、衣食住のアンテナショップを経営し、久留米絣のもんぺを売り出し、さらにコンテンツ制作、まちづくりのコンサルティングも手がける「地域文化商社」である。九州を中心に200以上の作り手たちと取引し、衣食住に関わる約4000品目を取り扱っており、「売れるはずがない」といわれた久留米絣のもんぺを大ヒットさせた。

「うなぎの寝床のように、広く地域に関わる仕事をしたい」という地域おこし協力隊や若い人たちは多いのではないだろうか。なぜ「うなぎの寝床」が人口6万人強の八女市で、「地域文化商社」として約10年間でここまで成長できたのか、起業までの道のりと、大ヒットとなった久留米絣の現代風もんぺ開発の経緯について詳述する。

うなぎの寝床の代表、白水高広さんは佐賀県小城《おぎ》市出身で1985年生まれ。高校まではサッカーに熱中し、全国大会に出場するほどだった。高校卒業後は、2007年に大分大学工学部の福祉環境工学科建築コースに進学した。大学卒業後、白水さんは就職しない道を選ぶ。

同級生が設計事務所やゼネコンなどに就職する中、白水さんは「住宅供給が過剰で空き家も増えていて、これから新しい建築物を造っていくのは何か違う」と感じていた。また身内にサラリーマンがいなかったため、会社で働くことがイメージできなかったこともある。白水さんはデザインに興味があったので、福岡のデザイン専門学校に入学した。デザインを通じて、思考や技術を高めていきたいと希望していたが、専門学校の授業では、オペレーション的な領域しか学べず、半年でやめてしまった。

その後は大学の同級生で、「うなぎの寝床」の共同創業者である春口丞悟さんとルームシェアをしながら、地元でデザインコンペに参加したり、久留米の企業サポートをしたり、地域活性化に関する仕事を少しずつ始めていた。

起業してすぐに「久留米絣の現代風もんぺ」がヒット

そうした白水さんたちの活動を、西日本新聞が「若い人たちが地域を盛り上げるために、頑張っている」と記事で紹介した。その記事を見た福岡県庁の人が白水さんたちに声をかけ、「九州ちくご元気計画」という厚生労働省主導の雇用創出事業に推進員として招かれ、2年半働くことになる。

九州ちくご元気計画とは、福岡県南部の筑後地域にある農業・商業・工業の担い手たちと、デザイナー・建築家・料理研究家といった50人以上の専門家が、共に勉強会を繰り返して、地域産品のブランド価値を高めていくプロジェクトだった。

うなぎの寝床の本社。八女市福島町に残る町家を活かした

そのプロジェクトの目的は地域の雇用維持で、そのためには地域の担い手たちの商売が繁盛することが重要だ。

白水さんと春口さんはディレクターとして、担い手たちとデザイナーなどの専門家をマッチングさせ、60件以上のプロジェクトに関わった。そして白水さんたちは地域産品のパッケージや価格、PR方法を一新し、東京や福岡などでPRイベントを開催して、筑後地域全体のブランディングにも貢献した。この九州ちくご元気計画は、地方活性化の優秀事例として、2011年の「グッドデザイン・日本商工会議所会頭賞」を受賞している。

地域の担い手たちに対して、デザイナーなどの専門家と一緒に、行政の一員として仕事をしたことは、白水さんたちにとって大変貴重な経験となった。地方で地域おこし活動をすると地元メディアに取り上げられて、それが次の大きなチャンスにつながることがあるが、まさに白水さんたちもそうだった。

九州ちくご元気計画の任期が終わったあと、白水さんたちは「筑後地方の地域資源を東京や福岡で紹介したが、地元にはそれらをまとめて紹介する場がない」ことに気づき、2012年7月に、古い町並みが残る八女市福島町で「うなぎの寝床」を起業する（15年1月に法人化）。住居兼オフィスだった町屋は、間口が狭くて奥行きが長い建物であったため、社名をうなぎの寝床としたのである。

九州ちくご元気計画の仕事を通じて、地元の作り手たちとつながっていたものの、起業当時、ビジネスパートナーとして、すぐには信頼を得られずに苦戦する。「商品を委託販売ではなく、買い取り仕入れをして『販売力があるアンテナショップ』となることで、作り手たちの信頼を得ていこうと腹をくくりました」と白水さんは、当時を振り返る。

もんぺを適正価格に値上げし、卸売りを可能にした

起業して早い時期にヒット商品があると、事業がうまく軌道に乗ることが多い。うなぎの寝床の場合には、それが「久留米絣の現代風もんぺ」だった。久留米絣の現代風もんぺは、男女

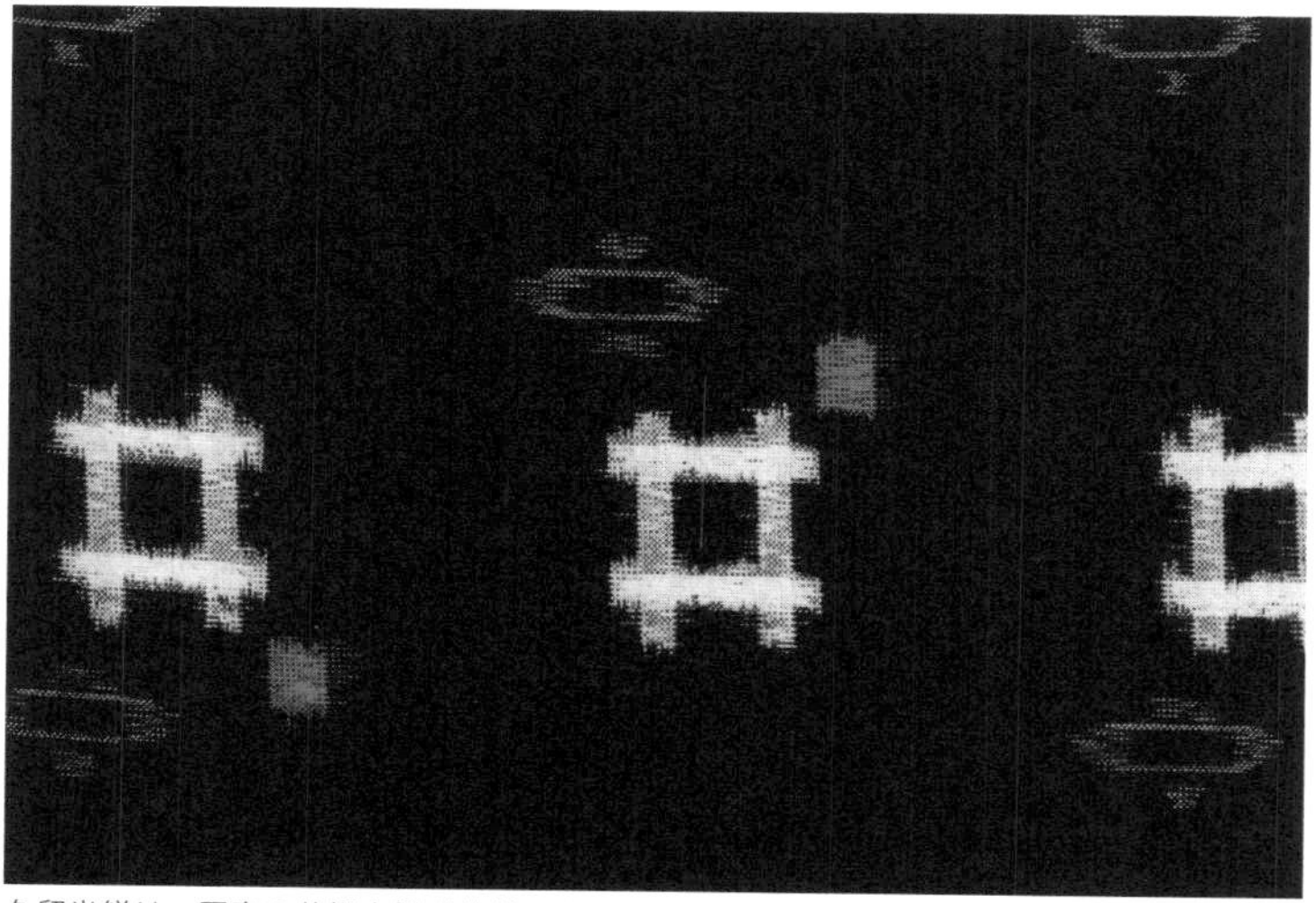
久留米絣は、写真の井桁文様が特徴。現代に生かすにはアレンジが必要だ

兼用で細身のシルエットのもんぺで、無地の久留米絣を採用している。

「もんぺ」とは、着物生地で作られたズボンで、第二次世界大戦時中の1942年に、避難や作業がしやすいように国が「婦人標準服」として指定した。戦後は女性が農作業時などに着る、ゆったりとした型のもんぺが普及した。もんぺは女性がはくズボンであり、また久留米絣も主に女性用の着物やもんぺに使われていた。

白水さんは妻の実家が久留米絣の織元で、久留米絣の活用方法について、常に気にかけていた。白水さんは九州ちくご元気計画の推進員だった頃、地元の物産館で久留米絣のもんぺを試しにはいてみて、はき心地の良さに驚いた。久留米絣は80年以上前のシャトル織機を使って織られる木綿で、軽くて通気性が良く、高温多湿の日本には最適な生地なのだ。

リスクを恐れずに初めてのことに挑戦する人のことを「ファーストペンギン」というが、女性用とされていたもんぺをはいてみた白水さんも、ある意味ファーストペンギンだったといえる。そしてこのことが、男女兼用の久留米絣の現代風もんぺを商品開発することにつながる。

久留米絣のもんぺを気に入った白水さんは、妻と一緒に八女市の伝統工芸館で「もんぺ博覧会」という展示販売会を開催した。もんぺの販売は大好評で、3日間で約250万円もの売り上げがあったという。また「家にある久留米絣の着物や反物で、もんぺを作りたい」という声があり、白水さんの妻と義母が型紙を作った。その際、着物の反物の幅(約38cm)で効率よく作るために、もんぺが細身の作りになり、独自の現代風もんぺが誕生したのである。

また久留米絣は、藍染の紺地に白い井桁模様などの文様が入っていることが特徴だが、白水さんは無地のもんぺにこだわった。

織元からすれば文様を入れることが久留米絣としてのアイデンティティでもあったが、白水さんは柄物のもんぺは目立ちすぎるし、まして久留米絣のもんぺだと、民芸調になってしまうと考えた。また無地にすれば、柄物よりも価格を抑えることができるという理由もあった。

無地の久留米絣の現代風もんぺは人気商品となり、2013年8月にNHKの「あさイチ」でも紹介され、全国から「卸売りをしてほしい」という要望が届くようになる。

その当時、柄物の久留米絣のもんぺは6000円くらいで販売されていたが、その価格では卸売りの要請には対応できなかった。そこで白水さんは、無地のもんぺの小売り価格を1万円に、柄物は1万2000円から2万円に値上げして、全国の約80店舗に卸販売をしていく。久留米絣の織元からしたら、今まで売れなかったもんぺの価格を大幅に値上げして、全国で売れるようにしたことは、魔法のように思えたことだろう。

うなぎの寝床では、現代風もんぺの型紙も販売している。いわばもんぺの作り方を個人のためにオープンソース化しており、家にある着物や反物を活用して制作できるようにしているのだ。このことについて白水さんは、「もんぺをいろんな人が、はいてくれるようになればいいと思います。僕らとしてはもんぺを売ることが目的なのではなく、久留米絣という地域文化資源を残すための生産システムが、もんぺなのです」と語る。

大ヒット商品となった久留米絣の現代風もんぺは、今や久留米絣の産地で、反物生産の約1割を占めるまでになっている。そしてもんぺの素材については、日本各地の織物産地ともコラボするようになった。このように白水さんは、久留米絣を使ったもんぺという商品に新しい価値を加え、未来にも受け継がれるようにし、「作り手よし」「世間よし」「未来よし」を実現している。

うなぎの寝床には、八女市内の3つの実店舗とオンラインストアがある。九州を中心とした

うなぎの寝床のHPでは、もんぺをはいて海外旅行に行くなど、具体的なイメージ写真を掲載している

うなぎの寝床は約3億円を売り上げ、パートも含めて24人の会社に成長した

地域産品の販売や卸売りをしており、売り上げは3億円弱、従業員とパートを合わせて24人という規模にまで成長している。主力製品の久留米絣の現代風もんぺが、事業収入の約6割を占めており、年間約1万5000本を販売している。白水さんは主に「うなぎの寝床経営」のコンセプトワークを担当し、商品の仕入れについては、こだわりが強いパートナーの春口さんを中心に行っている。

地域の作り手たちが、気づいていない価値がビジネスになる

うなぎの寝床がここまで成長できた要因は、すでに豊富にある地域資源について、「価値の発見」をして、ビジネスにつなげたことである。

白水さんは、左図のように説明している。地域文化商社である白水さんたちは、地域の人たちや作り手が気づいていない価値を、まず見立てる。そして見立てを埋める作業として、価格設定や商品パッケージのあり方を見直して、効果的なPR方法を行うと、世間が思っている地域価値と同じになり、価値のギャップが埋まる。最終的には地域の人たちも、地域資源がもともと持っていた価値に気づくというプロセスだ。

うなぎの寝床は、2019年に「株式会社リ・パブリック」と共同出資をして「株式会社U

もんぺを売るうなぎの寝床の実店舗。価格設定や見せ方で、地域資源の評価は変わる

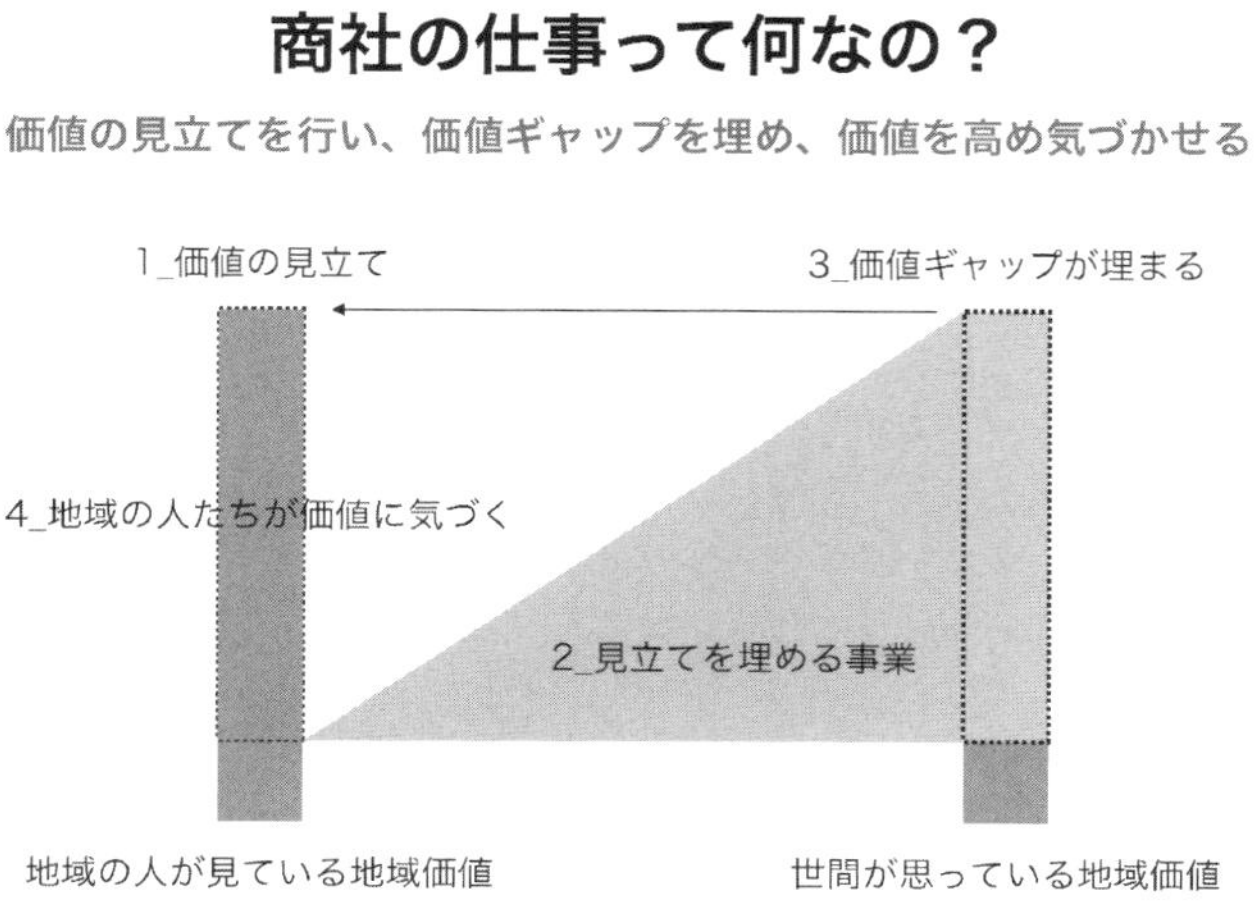

出所：白水高広さん

NAラボラトリーズ」を設立し、文化ツーリズムを推進するために雑誌を出版し、八女市内に宿泊施設をオープンする予定だ。筑後地域の工房見学ツアーもあえて有料とし、参加者が地域資源に「価値」を見いだせるような文化ツアーを企画している。こうした活動は、交流人口や関係人口の創出につながり「世間よし」となる。

さらに東京のアパレルメーカー「yohaku」と共同で、2020年に「サイセーズ株式会社」を立ち上げた。久留米絣は先染めの織物であるが、独特の文様を出すために束ねた糸に「くくり糸」を付けてから先染めする。染めの工程で出るくくり糸は捨てられていたが、サイセーズではそのくくり糸を使って、丈夫な靴下を製作している。その靴下は1足1980円もするが、背景にある開発ストーリーを丁寧に伝えれば、売れるそうだ。

このようにうなぎの寝床の白水さんたちは、循環型経済をつくることにおいても、まず自分ごととして考え、できるところから取り組み始めている。この取り組みは、まさに、「地球よし」「未来よし」である。

白水さんは、地域資源の活用やまちづくりに深く関わっているが、地域愛を熱く語ったりすることはない。むしろ客観性を保つために、地域とは一定の距離を置こうとしている。実際に白水さんの自宅は佐賀県にあり、福岡県八女市にあるオフィスとの間を高速道路で通勤している。その関係もあって、オフィスがある地域の人たちと酒を飲んだりすることは、ほとんどないという。よく地域活性化では、「地元の人と一緒に飲むことで、深い話ができる」といわれるが、そうでなくても販売実績を積み重ねれば、地域の人の信頼を得ることができるのだ。

また白水さんは、すべての地域資源や地場産業、伝統工芸が後世まで生き残るわけではなく、時代に合わなくなったものは、「終息」させるという冷静な考え方をしている。ただし終息させる前に、記録を残してアーカイブをつくっておくということも必要だと考えている。

クールな視点で地域資源を正しく評価し、作り手に無理をさせることなく、販売面で的確なサポートをする地域文化商社、うなぎの寝床は、「作り手よし」「世間よし」「未来よし」の「六方よし経営」を着実に実践している。

六方よしの原点 #3

ボランティアの清掃活動が、古民家の価値を再認識させる

おくりいえ

「うなぎの寝床」の白水さんは、「すべての地域資源や伝統産業を残していくのではなく、時代に合わなくなって役割を終えるものもある。それらは記録を残して、『終息』させることも重要だ」という。石川県金沢市の建築士、やまだのりこさんは、取り壊しが決まった「終息させる古民家」を、きれいに掃除する「おくりいえ」というボランティア活動を、2009年から金沢市を中心に展開している。

やまだのりこさんは、石川県加賀市出身で1975年生まれ。生まれ育った古い日本家屋は暗くて寒く、個室がないため、あまり好きではなかったという。その後、金沢工業大学で建築を学び一級建築士の資格を取り、金沢市内の建築事務所に勤務していた。戦災を逃れた金沢市内には、約6000軒もの町屋が残っていたが、毎年約270軒も取り壊されている。そのことを知ったやまださんは、そうした貴重な建築

物を取り壊す前にきれいに掃除をして、ありがとうの気持ちをこめて、最後の写真を残したいと思っていた。2009年に第81回アカデミー賞外国語映画賞を受賞した映画「おくりびと」にちなんで、取り壊しが決まった古民家を、「死に化粧をするように、きれいに掃除して見送る」ことを「おくりいえ」と名づけた。

そして09年6月から取り壊す古民家の持ち主の依頼を受け、全国からボランティアを募集して、おくりいえを始めた。また参加者はその家の道具や着物など気に入ったものを、持ち帰って良いというルールにした。ただし参加者がそれらをネットオークションなどで転売することは禁止している。掃除をして道具や不要物を片づけてきれいになった古民家には、近所の人たちにも来てもらい、アート作品を飾ったり、講演会やミニコンサートを開催したりして、最後の時を過ごすようにした。

「おくりいえ」から「贈りいえ」になる物件も

おくりいえの活動を始めると、1回に50人、多い時には200人ものボランティアが参加し、順番に家に入って掃除をしてもらう状態だった。またきれいになった古民家を見た子供が、「どうしてこの家を壊しちゃうの？ もったいないよ」と泣き出すようなこともあったという。やまださんは、「おくりいえを通じて、物を大切にする気持ちが育まれると思います」と語る。

おくりいえをしてきれいになった古民家を見て、「この家に住みたい」とか「店舗として活用したい」という人たちが現れるようになった。2009年から現在まで、約50軒のおくりいえをしたが、最近は、清掃後に活用する「贈りいえ」も多くなっている。

やまださんは古民家再生を手掛ける一級建築士であるが、おくりいえはあくまでボランティア活動で、あえて自分の本業とは結び付けないようにしている。やまださんは、「おくりいえの活動を通じて、全国から参加される個性的な人たちと知り合うことができ、人生が豊かになります。なにしろやっていて楽しいし、とっても気持ちがいいんですよ」と笑顔で語る。

おくりいえのホームページには、「『いえ』はぴっかぴか　心はぽっかぽか　ありがとうの気持ちを込めて、みんなで家をおくりましょ」とあるが、主催者も参加者も純粋なボランティア活動を、心から楽しんでいるのだ。

金沢で始まったおくりいえであるが全国にも広がっており、宮崎県では2016年

取り壊す予定の古民家を、最後にきれいに掃除するボランティアの「つなぎ隊」。きれいになった家を活用したいという人が現れることもある

から取り組まれている。延岡城の麓にあった昭和初期に建てられた豪華な和風近代建築として知られる「後藤邸」が、20年2月に取り壊されることになり、地元の建築士の遠藤啓美《ひろみ》さんを中心に、後藤邸のおくりいえをすることにした。

延岡大空襲でも奇跡的に戦火を逃れた後藤邸は、おくりいえの期間中の18日間、夜間にライトアップされた。おくりいえには300人以上の人が参加し、家屋の見学と講演会、そして地元音楽家によるコンサートが行われた。

おくりいえをして、後藤邸の価値を再認識した遠藤さんや参加者たちは、急遽「『後藤邸』の移築復元・活用を

ライトアップされた「後藤邸」。おくりいえの活動が人々を動かし、解体後に建築材料を保存して、将来活用していくことになった

求める署名」を行い、2週間で600人を超える署名を集め、延岡市長に要望書と共に提出した。すると市議会でも後藤邸の移築活用の予算が組まれることになり、市長も建築材料を一時保管し、将来まちづくりの拠点となる施設に活用することを約束してくれたという。

こうして延岡市の「後藤邸おくりいえプロジェクト」は、未来への贈りいえとなった。一度は終息が決まった地域資源を、このようにボランティア活動で再生して、未来につなげることも可能なのである。

事例⑬

津波で色を失った街に、スペインタイルで彩りと雇用をもたらす「六方よし経営」

NPO法人みなとまちセラミカ工房

宮城県女川町

代表
阿部鳴美さん

みなとまちセラミカ工房代表の阿部鳴美さん

みなとまちセラミカ工房の六方よし

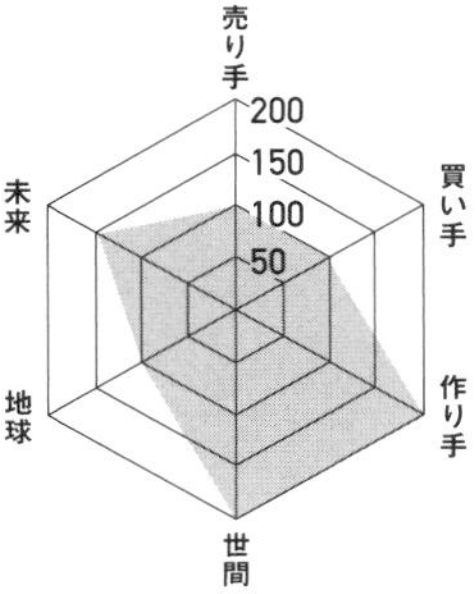

作り手よし 世間よし	「スペインタイル」の制作技術を導入し、東日本大震災の被災地で、新しい雇用を創出している
世間よし 未来よし	津波の被害が大きかった女川町に、色鮮やかな「スペインタイル」で彩りをもたらし、観光客を呼び込み、人々と未来をつないでいる

2011年の東日本大震災以前、阿部鳴美さんは生まれ育った宮城県女川町で3人の子育ての傍ら、趣味の陶芸を楽しむ主婦だった。震災後に「スペインタイル」と運命的に出合い、東京でその制作を学び、スペインにも視察に行って起業した。津波で色を失った女川町に、色鮮やかなスペインタイルで彩りをもたらし、また被災地に新しい雇用を生み出して、地域の活性化に貢献している。

阿部鳴美さんは1961年生まれ。一人っ子だったため、塗り絵をしたり編み物をしたり、一人でものづくりをすることが好きだったという。

仙台の大学で福祉を学んだが、卒業後は女川町に戻り、町役場の職員として働く。そこで出会った夫と24歳で結婚し、3人の子育てをしながら、フラワーアレンジメントやステンドグラスづくりなどの習い事を楽しんでいた。自宅近くの小学校が廃校となって陶芸教室ができたことから、1999年からは陶芸を学び始めた。

2011年3月11日、東日本大震災の当日、阿部さんは末っ子が仙台の学校を卒業したため、仙台に引っ越しの手伝いに行っていた。持ち帰る荷物を車に詰め込んだ直後に、大地震が来た。

地震が収まってからすぐに女川に向かって車を走らせたが、途中の道路は浸水や陥没があり、寸断されていて町内に入ることはできなかった。行けるところまで進んで、車を置いて避難所に向かった。自宅に戻れたのは約3週間後だ。新築したばかりの自宅は海岸近くにあったため、津波の被害を受けており、建物は残ったものの住めない状態だった。阿部さんは避難所でしばらく暮らしたあと、女川町内に何とか住む家を確保したという。

女川町は入江が深く入り込んだ地形である。東日本大震災では18mもの津波が町を襲い、町内の住宅の約90％が被害を受けた。震災前の2010年に1万人以上あった女川町の人口は、震災後10年間で約4割も減少し6195人（2021年5月31日現在）となっている。津波で亡くなった人が574人、行方不明者は253人もおり、また女川は平地が少なかったため復興住宅を十分に建てることができず、町から出る人が多かったからである。

スペインタイルに魅せられ、震災でふさいでいた気分が明るく

震災から半年ほどして、阿部さんはかつての陶芸サークルの仲間6人で集まる機会を持った。仲間の1人は津波で亡くなり、他の仲間も全員被災していた。陶芸をやる場所も焼成窯も津波で流されていたが、「落ち着いたら、また陶芸を一緒にやりたいね」と話し合ったという。

2011年11月、宮城県内で最後に完成した仮設住宅「野球場仮設住宅」の完成記念イベントが開催された。その仮設住宅を設計したのは坂茂《ばんしげる》氏で、快適な仮設住宅を作るなど災害支

研修で訪れたスペインでは、色鮮やかなタイルが、その土地の文化や歴史を伝えていた

援活動を行っており、震災後のJR女川駅舎も設計した。そのイベントで陶芸教室を開催することになり、その打ち合わせ会議に阿部さんは出席した。そこでの自己紹介で、阿部さんは「震災前には、陶芸のサークル活動をしていました。生活が落ち着いたら、また仲間と陶芸を再開したいです」と話した。

この「陶芸を再開したい」という希望を公的な場で話したことが、のちに起業のきっかけになる。

私は全国各地で起業について講演をするが、『叶《かな》える』は口に十と書くので、『夢を叶える』ためには、まず10人に話してみること」をアドバイスしている。「10人に起業の夢を話す」と、いろんな反応や意見が出てくる。それらを事業計画の参考にしたり、また話した人から思わぬ声かけがあったりして、ビジネスにつながる可能性があるのだ。

阿部さんの希望を聞いた坂茂氏は、当時京都造形芸術大学（現在の京都芸術大学）の学長だった画家の千住博氏につなぎ、千住氏が女川を訪れた際、阿部さんと面談する機会を設けてくれた。そして阿部さんの希望を聞いた両氏の尽力により、大学が陶芸の焼成窯を阿部さんたちの陶芸サークルに寄付してくれることになった。

また前述の打ち合わせ会議には、高校で美術の非常勤講師をしていた女性も出席していた。この女性は、被災地で起業をする人向けの内閣府の助成金を使って、「『スペインタイル』での地域おこし」を企画していた。スペインタイルとは、タイルに下絵を描きそこに釉薬《ゆうやく》で色づけをして、1000℃近い高温で焼成するタイルで、陶芸の技術と共通する部分がある。

阿部さんは彼女に誘われて、2人は助成金を使い、東京のスペインタイル教室に2012年の1月と2月に合計4回通った。その教室では、3月にスペインへの研修旅行が予定されていて、「スペインタイルをより深く知るために、スペイン研修旅行に行かないか」と誘われた。阿部さんは震災から1年もたっていない状態で気乗りがしなかったが、結局その研修旅行に参加することにした。スペインへの出発日は、奇しくも2012年3月11日であったという。

阿部さんはスペインのバレンシア地方を訪れて、青や黄色を基調とした色鮮やかなタイルが街の壁や床、天井など至るところを美しく装飾している風景を目の当たりにした。阿部さんは鮮やかなタイルに魅せられて、震災以降ふさいでいた気分が明るくなることを感じ、何百枚も写真を撮り続けた。現地の教会の壁に使われているタイルは、300年以上前に作られたものもあり、タイルの絵柄はその土地の文化や歴史を、今に伝えていた。

このスペイン研修旅行中に、阿部さんには「津波で色を失ってしまった故郷の女川町を、スペインタイルで色鮮やかに装飾して、復興の象徴にしたい」という気持ちが芽生えた。

また女川町は日本有数の水産業の町であるが、海産物以外は土産物がなかったので、「スペインタイルを女川の新しい土産物にして、観光客に提供したい」という思いもあった。地域起業は、その地域にある資源を活用することが多いが、この場合には外部から新しい資源や技術を導入せざるを得なかったのである。

起業支援金やビジネスコンテストを最大限に活用

最初に企画した高校の非常勤講師は正規採用となったため、帰国後は阿部さんだけでスペインタイルでの起業を志すことになった。

2012年4月に女川に、仮設の「きぼうのかね商店街」がオープンしたが、その一角を借りることができて、大学から寄付してもらった焼成窯を設置した。

そして陶芸仲間や知り合いに声をかけて、6人でスペインタイル作りをスタートした。阿部さんは12年11月に個人事業主となり、宮城県の緊急雇用対策事業費を受けて、スタッフ5人分の給与を確保した。スタッフ5人は東京の「スペインタイル」教室に通って、基本的な制作技術を学んだ。さらに「新たな一歩プロジェクト」という内閣府の起業支援金を活用して、阿部さんは13年4月に「NPO法人みなとまちセラミカ工房」を設立した。

こうした助成金などの情報は、女川の社会課題解決に取り組む「NPO法人アスヘノキボウ」代表の小松洋介さんから、アドバイスを受けたという。「小松さんには起業前から、ずっと伴走していただきました」と阿部さんは語る。

2014年11月、小松さんのすすめで応募した「一般財団法人KIBOW」が主催するビジネスコンテストで、「女川スペインタイルプロジェクト」をプレゼンして優勝した。ビジネスのプレゼンを一度もしたことがない阿部さんは、小松さんにアドバイスを受けながら資料を作成したという。そして阿部さんはこのコンテストで得た優勝賞金200万円をすべて、「女川町民に200枚の表札タイルを送る」プロジェクトに提供した。阿部さんは被災地への支援制度を最大限に活用し、スペインタイルの制作を地元の女性が学べるようにして「作り手よし」を、そしてビジネスコンテストの優勝賞金を地域貢献につなげて「世間よし」も実現している。

みなとまちセラミカ工房のスタッフたちは、女川町に新しくできたホテル「エルファロ」の

震災遺構「旧女川交番」。津波によって建物の基礎部分からひっくり返っており、津波の激しさを今に伝えている（撮影　藻谷ゆかり）

部屋番号プレートや「きぼうのかね商店街」の店舗プレートなど、地元から仕事をもらいながら、スペインタイルの制作技術を高めていった。また「港町女川ならではのデザイン」にもこだわり、海やアンカー、魚といったモチーフのタイルを多く制作している。絵心がある宮城県庁職員や女川町職員が下絵のデザイン制作で協力し、「船上で獅子舞をする女川の祭り」をデザインした和風のスペインタイルも制作している。

2015年12月に、女川駅前から海に向かうれんがの遊歩道沿いに、新しい商店街「シーパルピア女川」ができた。

私も取材で女川を訪れた折に駅から歩いてみたが、遊歩道の先に穏やかな海が広がり、気持ちがいい空間である。海に近づくと震災

新しくできた商店街「シーパルピア女川」にある「みなとまちセラミカ工房」

遺構として「旧女川交番」がある。津波によって建物の基礎部分からひっくり返っており、津波の威力を目の当たりにする。震災後、海辺に高い堤防を造る地域もあるが、女川の人たちは海と共存していくことを選んだのだ。

そのシーパルピア女川の一角に、みなとまちセラミカ工房のショップ兼工房がある。スペインタイルで作ったプレートや時計、アクセサリーなどさまざまな商品が展示され、また結婚式のウェルカムボードや誕生祝いのタイルなどをオーダーメイドできる。

私も女川訪問の記念に、海と魚とＯＮＡＧＡＷＡの文字がデザインされたスペインタイルを1枚購入し、机の上に飾っている。この原稿を書いている時も、女川の海に思いを馳せることができる。

女川と観光客をつなげるスペインタイル

みなとまちセラミカ工房では、スペインタイルの制作ワークショップを開催しているが、その中に「メモリアル・ワークショップ」という企画がある。この企画では、参加者が2枚のタイルを制作し1枚を自分用に、もう1枚を女川の街を彩るメモリアルタイルとして寄付して女川町の一角に設置する。これは観光客と女川とのつながりを目に見える形で残しており、とても良い企画である。

さらに阿部さんは「女川タイルさんぽMAP」というパンフレットを作成して、観光客が女川町内にあるタイル作品を見て回れるようにしている。

2013年のNPO法人化から8年、みなとまちセラミカ工房の年商は、2000万円弱にまで成長している。年商の約9割が店舗での販売で、残りが全国からのオンライン注文である。現在は9人の女性がタイル職人として働いているが、子育て中の人は時短で働くことも可能だ。15年秋にタイル職人の養成講座を企画したところ、すぐに定員を超す29人の応募があったという。このように、みなとまちセラミカ工房は被災地である女川に、新しい地域資源と雇用を生み出しており、未来にも希望をつなげている。まさに「作り手よし」「世間よし」「未来よし」である。

「メモリアル・ワークショップ」で観光客が女川に残していったタイル。観光客と女川をつなぐ存在だ

取材の最後に、「スペインタイルや地域貢献について、今の思いは?」と私が質問すると、阿部さんは「震災前には、その存在すら知らなかったスペインタイルですが、今はスペインタイルを作ることが、純粋に楽しいです」と笑顔で語ったあと、地域貢献についてこう語った。

「震災の後、全国からたくさんのボランティアの方々が女川に来て、助けてくれました。私の仮住まいの片づけも、13人くらいの震災ボランティアの人たちが一生懸命にやってくれて、本当にありがたかったです。その時の感謝の気持ちがあるので、私はスペインタイルを通じて、できる限りの地域貢献をしていきたいと思います」

さらに阿部さんは、「スペインタイルは、

壁や床にタイルとタイルをつなげて装飾します。女川の街にスペインタイルをつなげていくことで、女川内外の人たちがつながり、また未来にもつながっていくことを願っています」と語った。

みなとまちセラミカ工房が作り出すスペインタイルは、水産業以外に地域資源がなかった女川に、鮮やかな彩りを加えながら、新しい雇用機会と明るい未来をつくり出している。みなとまちセラミカ工房の事例は、被災地で地域起業を実現したモデルケースである。

column

六方よしの原点 ＃4

漁師の憩いの場のために立ち上がった、気仙沼の女性たちの奮闘

鶴亀の湯・鶴亀食堂

宮城県女川町の「みなとまちセラミカ工房」は、今までその地域になかった技術を「越境学習」して外部から導入した事例だが、宮城県気仙沼市の「鶴亀の湯・鶴亀食堂」は、震災の影響で失った地域資源を、地元の女性たちが、新しい形で再生した興味深い事例である。

遠洋漁業が盛んな宮城県気仙沼港には、仕事を終えた漁師たちが朝早くから入れる銭湯「亀の湯」があった。気仙沼港に近い亀の湯は明治19年（1886年）創業の老舗銭湯で、漁師たちが水揚げ後に疲れた体を休める憩いの場となっていた。

2011年の東日本大震災による津波で、亀の湯は半壊となり一時休業した。その後、全国から支援を受けて翌12年に営業を再開し、漁師たちだけでなく震災ボラン

ティアや工事関係者でにぎわっていた。しかし亀の湯がある一帯は、堤防建設に伴うかさ上げ工事の対象となり、亀の湯は立ち退きを余儀なくされる。高齢のオーナー夫婦は、新たに借金をして銭湯を建設することはできず、創業131年の亀の湯は2017年に廃業した。

気仙沼港には亀の湯以外に、朝早くから営業している銭湯はなかった。近くの観光ホテルに日帰り温泉はあるが、漁師たちが気軽に入れるところではなかった。「遠洋漁業の基地である気仙沼港に、銭湯がないのは困る」という漁師たちの声に、立ち上がったのは気仙沼で働く女性たちだった。

株式会社オノデラコーポレーションの常務取締役、小野寺紀子さんは1972年生まれ。同社は小野寺さんが担当する冷凍海産物の輸出入や漁船用資材を販売するオーシャン事業部と、2005年から始めたコーヒー事業部からなるが、どちらも気仙沼の漁師を相手とする仕事である。

「気仙沼は漁師で成り立っている町なので、仕事で疲れた漁師を『お帰りなさい』と迎えるために、朝から営業している銭湯を作りたかったのです」と小野寺さんは語る。

そして志を同じくする水産加工会社の斉藤和江さんと、東京からの移住女子、根岸え

斉藤和江さん(左)、根岸えまさん(中)、小野寺紀子さん(右)(撮影　平井慶祐)

まさんの3人を中心に「一般社団法人歓迎プロデュース」を立ち上げ、銭湯を再生する活動を始めた。

助成金・借り入れなどで資金調達

新しく銭湯を建設するには約1億円かかる。小野寺さんたちは予算を抑えて銭湯を作るために、中古のトレーラーハウスを探し出して活用した。さらに漁師たちが風呂上がりのビールと食事を楽しめるようにと、もう1台トレーラーハウスを用意して、食堂を作ることにした。総工費は約3000万円で、1000万円は気仙沼市からの助成金、1000万円は銀行借り入れ、

鶴亀の湯・鶴亀食堂のロゴ。亀の湯の面影を残しながら、さらに永く続くようにと願いを込めた

約400万円は地元企業からの寄付で、残りの約600万円はクラウドファンディングで、全国から調達した。

新しい銭湯の名前は「鶴亀の湯」とした。歴史ある亀の湯を継承しつつも、これからも末永く続くようにという願いを込めたことと、震災後に建設された気仙沼大島大橋の愛称が、「鶴亀大橋」であったことにもちなんでいる。

銭湯に併設して「鶴亀食堂」を作ったが、これには経営上の理由があった。トレーラーハウスを活用した銭湯は洗い場が8つしかなく、銭湯の料金を徴収する番台の人件費は出ない。そこで食堂の食券販売機で、銭湯の入場券を販売することにしたのである。

鶴亀食堂では、漁師たちが獲ってきた新鮮なカツオやマグロが提供され、観光客にも人気がある。鶴亀食堂をいつも利用している漁師が、「俺は自分が獲った魚を、喜

鶴亀の湯・鶴亀食堂は、トレーラーハウスを活用した

んで食べてくれる人の姿を見たことがなかった」と言ったそうだ。このように新しくできた鶴亀食堂は、漁師と観光客が交流する場にもなっている。

2019年7月に開業した鶴亀の湯・鶴亀食堂がある一帯は「みしおね横丁」となっており、他にも6台のトレーラーハウスの店が並んでいる。そこでは沖縄料理、インドネシア料理、ラーメン、メキシコ料理などが楽しめる。また気仙沼港で働くインドネシア人のために、ムショラ（インドネシアにおけるイスラム教徒の礼拝所）もある。

小野寺さんは、「津波で流されて、きれいな建物ばかりになってしまいましたが、気仙沼港の周りは、いろんな飲食店やスナックがある、ゴチャゴチャとした港町だったのです。そういう雰囲気を、トレーラーハウスの商店街で再現したいと思いました」と語る。

小野寺さんたちも2011年の津波で自宅を流され、社屋が浸水被害に遭っている。そうした困難を乗り越えて、気仙沼港に来る漁師たちのために、銭湯を持続可能な形で再生し、個性的な商店街をつくり出している気仙沼の女性たちの奮闘は、被災地における素晴らしい地域起業の事例である。

事例⑭

衰退している地場産業や伝統工芸を、デザインの力で再生する「六方よし経営」

合同会社シーラカンス食堂

兵庫県小野市

地場産業をデザインの力で再生するシーラカンス食堂CEOで、デザイナーの小林新也さん

CEO デザイナー **小林新也**さん

シーラカンス食堂の六方よし

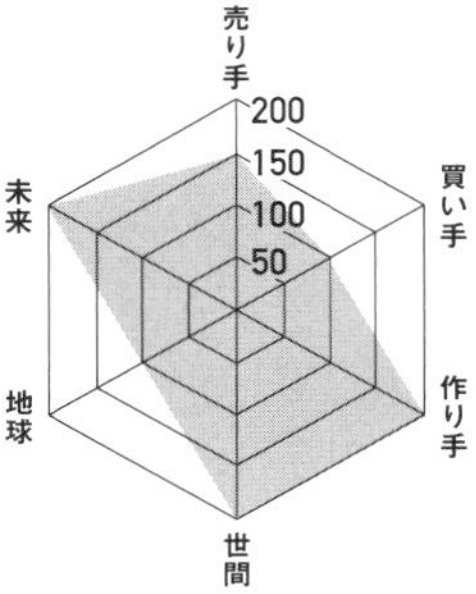

売り手よし 作り手よし 世間よし 未来よし	「播州そろばん」や「播州刃物」などの地場産業や伝統工芸を、デザインの力で再生し、国内外に販売して、未来につないでいる
作り手よし 世間よし 未来よし	「播州刃物」で売れ筋商品を作りながら、職人の技術を学べる職人育成のシステムづくりに取り組み、日本の伝統工芸の技術を未来に伝承している

兵庫県小野市は人口5万人弱の地方都市で、かつては「播州そろばん」と「播州刃物」という地場産業で栄えた。そういう地方都市は日本各地にあり、安い外国製品の流入などによる売り上げの激減と後継者難に直面している。デザイナーの小林新也さんは出身地の小野市でデザイン会社を設立、地場産業をデザインの力で再生し、後継者育成事業に取り組んでいる。さらに「MUJUN」というブランドで、世界中に日本の伝統工芸品を卸販売している。

小林新也さんは1987年生まれ。実家は襖《ふすま》や掛け軸を扱う表具屋で、幼い頃からものづくりに親しんでいた。子供の頃、父親は職人として忙しく働いていたが、小林さんが中学生の頃になると仕事が激減する。毎日暇そうに新聞を読んでいる父親に、小林さんは「仕事がないなら、営業に行けばいいじゃないか」といって親子げんかになったというが、いかにも小林さんらしいエピソードだ。

デザイナーである小林さんは、常に問題解決方法を模索し、何とか解決策を見つけて実行する。伝統工芸の職人の中には、「自分は職人なので、経営やマーケティングのことは分からない」という人がいるが、「だったら、経営やマーケティングを勉強すればいいじゃないか」ということなのである。

小林さんが学生時代に「ミラノサローネ」に出品し、反響を呼んだソファ

そろばんをイノベーションする

小林さんはプロダクトデザインで世界的に有名な喜多俊之氏に憧れ、喜多氏が教授を務める大阪芸術大学デザイン学科に進学した。

在学中から家具作りを始め、大学3年生の時には指導教授となった喜多氏の推薦で、イタリアの家具の国際見本市「ミラノサローネ」に、独創的なソファを出品して高い評価を得た。このソファは、アルミ合金のフレームと繊維素材だけで構成したシンプルな構造で、日本企業が開発したストレッチ素材を採用し、どんな体形の人にもフィットするようになっている。その斬新なフォルムと素材のコンビネーションが高く評価され、日本の大企業やイタリアのメーカー数社からオファーを得た。

小林さんは、この経験で「自分がデザインしたものの良さを分かる人が、世界にいる」ことを実感したという。

小林さんは大学以外にも活動の場を広げ、島根県の古民家のリノベーション事業に関わったり、2010年瀬戸内国際芸術祭に大学を代表して参加したりするうちに、地方の衰退を目の当たりにした。小野市にある実家の表具店の仕事が少なくなったのも、「地方経済や地域文化が停滞しているからだ」と気づいた。

そして大学卒業後は、「地元で仕事をして生み出したものを、世界に送り出したい」という思いを持ち、就職せずに実家がある小野市に戻った。そして2011年3月に「合同会社シーラカンス食堂」を設立し、デザインイノベーション事業と刃物職人の後継者育成事業、海外卸事業の3つを展開する。

小林さんが最初に手がけたのは、地元の伝統工芸品である「播州そろばん」のデザインイノベーション事業だった。

兵庫県小野市は播州そろばんの産地として知られ、1960年代の最盛期は年間約360万丁を生産していた。そろばんは電子計算機の登場や安価な海外製品が入ってきたことで、70年代から生産量が激減し、現在の生産量は年間約14万丁となっているが、今はそろばん塾などの

「教育道具」として安定した需要がある。そろばんは計算力だけでなく、集中力を高める習い事として、今も一定の人気があるのだ。

播州そろばんの各部品は、分業制で生産されている。年間360万丁も生産していた時代には、こうした分業制は効率的だった。しかし生産量が激減した現在、玉削り職人は60代と80代の2人、玉仕上げ職人も60代と80代の2人で、竹ひご職人は70代があと1人だけという危機的な状態である。いずれ1つでも工程が欠ければ、伝統工芸品である播州そろばんの生産は継続できなくなる。

カラフルなそろばん玉を使った時計「そろクロ」。玉の数で、時計の読み方を学ぶ

小林さんは地元の同級生の父親で、播州そろばんの問屋である株式会社ダイイチの社長と、そろばん産業の未来像や再生策について話し合った。その結果、「播州そろばんを、教育道具や知育玩具として再デザインする」ことになり、小林さんはそろばんの玉を使って「そろクロ」という時計をデザインした。

私は最初、そろクロの意味が分からなかったが、そろばんの玉の数で、時計の読み方を学ぶデザイ

世界で一つだけのマイそろばんを作れる「そろばんビレッジ」

ンになっているのだ。小林さんは「そろばん関連の商品開発は、玉と竹ひごの生産量を少しでも増やすことを目的に、プロダクトデザインをしています」と語る。

さらに小林さんの提案で、ダイイチはオリジナルのそろばんを作れる「そろばんビレッジ」を2013年にオープンした。そろばんビレッジでは、11色の玉と5色の木枠などを自由に選んで、「世界で一つだけのマイそろばん」を制作できる。

現在、そろばんビレッジで作られるそろばんは毎年約1万丁にまで増えており、播州そろばんの年間生産量約14万丁のうち7%ほどを占めるようになっている。そろばんビレッジの存在は小野市の交流人口を増やし、また「観光資源としての地場産業」という新しいコンセプトを打ち出している。

ダイイチは、「読み、書き、そろばん」の日本文化を海外にPRする活動にも取り組んでいる。このように小林さんは、デザインの力で播州そろばんの魅力を高めて、地域に人を呼び込んでおり、「売り手よし」「作り手よし」「世間よし」「未来よし」を実現している。

熟練の職人が手作りする刃物が、安すぎると見抜く

また小野市は230年ほど前から鎌や鍬《すき》などの鍛冶業で栄え、現在は理美容師が使うはさみや裁縫用のはさみなどの産地として有名だ。しかし安価な輸入品が入ってくるようになって需要は減退し、ここでも職人の高齢化と後継者不足という問題が生じていた。

2013年1月に小野金物卸商業協同組合から小林さんが依頼されたのは、当初は新しいプロダクトデザインであった。しかし播州刃物は、職人の高い技術力で完成された工芸的価値の高い道具で、また商品ラインも、用途ごとに細かすぎるほど多かった。小林さんは「問題の本質は、熟練の職人が高品質の刃物を手作りしているにもかかわらず、価格が安すぎること」だと見抜き、この「価値のギャップ」を埋めるために、「『播州刃物』という名称でブランド化すること」と、「海外での販売を目指すこと」の2つを組合に提案する。

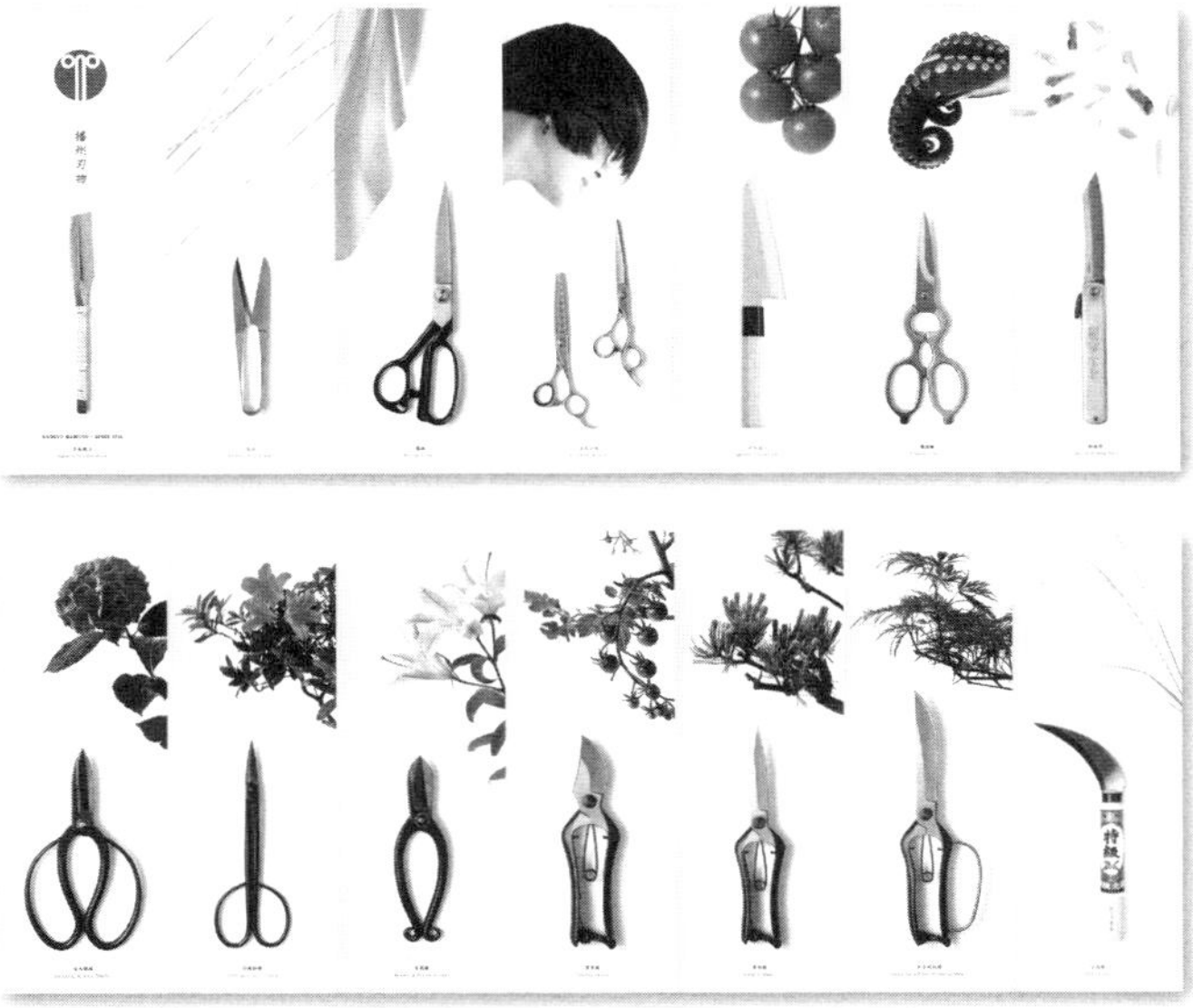

「播州刃物」のパンフレット。刃物の用途を見て分かるように、ヴィジュアルを工夫した

まずバラバラだった名称を「播州刃物/Banshu Hamono」というブランドに統一し、安い紙箱から桐箱に変えて、小売価格を2倍から3倍にまで引き上げた。商品説明のパンフレットも、刃物の用途を見て分かるように工夫した。

2013年6月に組合を説得して予算を出してもらい、東京で開催された国際見本市「インテリア ライフスタイル」に出展した。そこでフランスの卸業者と知り合い、「9月に開催されるパリ・デザインウィークに出展しないか」と誘われる。

さらに幸運なことに、その展示会で国の海外進出支援事業の担当者とも知

「播州刃物」は、国の海外進出支援を受けて欧州の展示会に参加し、各地のミュージアムショップなどに卸販売ルートを確立した

り合い、パリの展示会への渡航費用を得ることができた。その後、小林さんの活動は経済産業省の海外進出支援事業「MORE THANプロジェクト」に採択された。小林さんは海外市場の調査費用を得てニューヨークに行き、販売のためのネットワークを広げた。また2014年には、ドイツで行われる「アンビエンテ」という展示会に出展した。その後もアンビエンテには毎年継続して出展し、コンスタントに販売実績を上げている。

播州刃物は、ブランド化して2年で1000万円を超える売り上げを達成することができた。海外市場での経験を積んだ小林さんは、2016年からはアムステルダムを拠点に、「MUJUN」というブランドで、欧州各国の卸業者やミュージアムショップへの卸販売ルートを徐々に構築していった。

小林さんは英語が堪能というわけではないが、播州刃物という具体的な商品を介しているので、商談を進めることができたという。また欧州各国には、日本語と現地の言語の両方に堪能な人たちがいて、そうした人の助けがあると、展示会でのオーダー契約数をより増やすことができるとのことだ。

一方、播州刃物の技術継承の問題も、待ったなしの状態だった。

播州刃物は、職人が個々に高い技術を身に付けている。例えば1本の鉄の棒からたたいて握りばさみを製造する職人がいる。そうした高度な技術を持つ職人たちはすでに70代、80代で、弟子を取って生活の面倒を見ながら、技術を伝承する余裕も時間もなく、またいつ引退するかも分からない状態である。

そこで小林さんは、2018年に実家の空きスペースを「MUJUN WORKSHOP」という工房にして若い職人たちの作業場とし、そこからベテラン職人に学びに行けるシステムをつくった。工房を新設するための費用はクラウドファンディングを通じて、200人ほどから賛同を得て約220万円を調達した。

さらに「職人を育てること」と「稼ぐこと」を両立するために、小林さんは「富士山ナイフ」をデザインした。このナイフは折り畳み式になっており、折り畳んだ時に柄から出るナイ

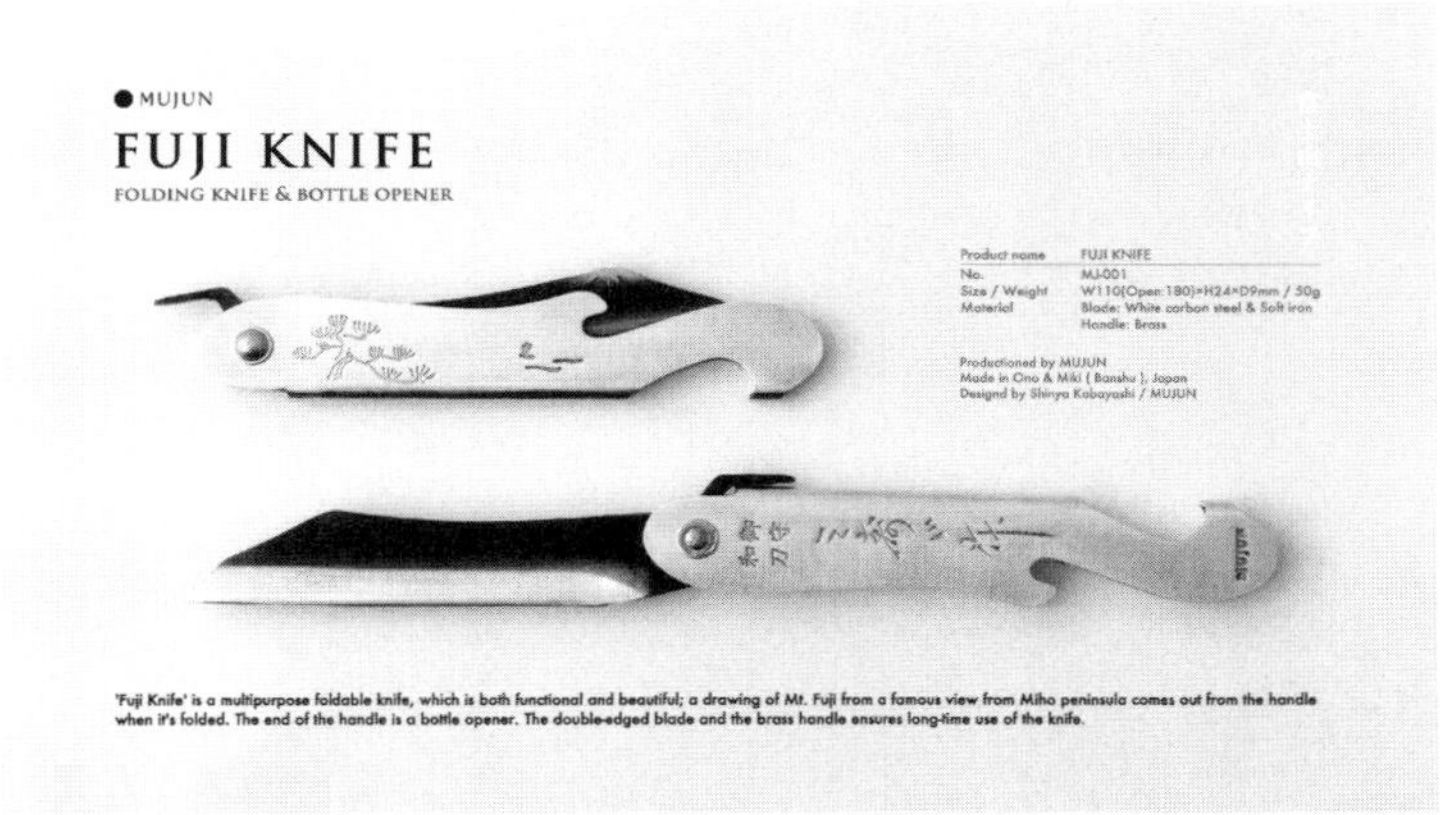

「職人を育てること」と「稼ぐこと」を両立するために、小林さんがデザインした「富士山ナイフ」。日本でも海外でも、人気があり、売れ筋商品となっている

フの部分が富士山のデザインになっている。この日本的なデザインは国内外で人気となり、コンスタントに注文が来る売れ筋商品となった。

若い職人は富士山ナイフを量産することで技術を磨き、収入も得られる。ただし富士山ナイフの制作にかける時間は作業時間全体の半分とし、残りの時間で他の刃物を制作したり熟練の職人に技術を習いに行ったりすることをルール化している。そうしないと熟練の職人から技術を承継する時間が確保できなくなるからだ。このような職人育成システムで、播州刃物の技術は未来に伝承されることとなり、「作り手よし」「世間よし」「未来よし」になっている。

2020年のコロナ禍で、MUJUNブランドでの海外への卸売金額は、前年比200％以上にもなったという。世界中がステイホームで家庭で過ごす時間が長くなったため、播州刃物の包丁や、小林さんが他にもデザインイノベーションを手がけた石見焼のすり鉢やおろし器といったキッチン用品を買う人が、海外で増えたからだ。小林さんは「日本の食文化が、世界中に浸透していたからだと思います。そして『良い道具を大切に長く使う』という日本の文化も、海外で受け入れられているのです」と語る。

完成度の高い日本の技術を、デザインの力で再生する

コロナ禍で海外の展示会に行けなくなった小林さんは、兵庫県小野市と島根県大田市温泉津《ゆのつ》町とで二拠点生活を始める。温泉津町の里山でかつて人が住んでいた土地を購入し、「誰もが職人になれる村」を建設しようとしている。「村の鍛冶屋」という文部省唱歌があったが、昔はどの村にも鍛冶屋がいて、暮らしの道具を作ってきた歴史があるのだ。

小林さんのような実力のあるデザイナーは、普通なら都会に住んでポルシェを乗り回しているだろう。今、小林さんは島根県の里山でトラクターを乗り回して、耕作放棄地を水田にし「誰もが職人になれる村」を未来の職人たちのために建設している。古い世代の人には理解できないかもしれないが、小林さんたちの世代は、新しい感覚で、自分たちの仕事と暮らしを持続可能な形にしようとしているのだ。

小林さんは、兵庫県小野市と島根県大田市の二拠点生活を始めた。耕作放棄地を水田にしている

小林さんは、デザイン事務所の名前を「シーラカンス食堂」と名づけた。インパクトがある社名の由来について、小林さんは「シーラカンスの学名は『中空の脊髄』です。目には見えませんが、その構造故に古代から進化せずに生き延びています。同様に、デザインも見た目ではなく見えない本質的なことが重要なので、『シーラカンス』という名前に共感して名づけました」と語る。「食堂」としたのは「素朴な料理を作って、リーズナブルな価格で提供し、皆でワイワイ集まっているイメージ」があったからだ。

さらに小林さんは「『Mr.Children』の『シーラカンス』という曲にも影響を受けた」という別の理由も教えてくれた。その曲の歌詞の一節に、

「どんな未来を目指すも　何処に骨を埋めるも　選択肢はいくつだってある　言うなれば自由」

とある。

衰退している地場産業や伝統工芸にも、新たな視点で「価値の発見」をすれば、課題解決の方法はいくつだってあるはずだ。小林さんの今までの功績は、職人たちが本来持っていた「創意工夫」を、「デザイン経営」としてグローバルに展開していることによる。

小林さんは、「国際化が進む中で生き残るには、地域産業や文化、伝統を生かし、どこにもまねできない独自性を育てることと、それを伝えるデザインが必要」とホームページで明言している。この考えは、第1章で提唱した「地産地承」そのものである。成熟国家となった日本では、今ある技術や地域資源をデザインの力で再生し「六方よし経営」を実現すれば、経済成長の新しいフロンティアが広がっていくだろう。

おわりに

「あるをつくして」

「あるをつくして」とは、私が住んでいる長野県で、主に宴会で使われる言葉である。司会者が「皆様、宴たけなわではございますが、テーブルの上にはまだまだごちそうが残っておりますので、どうぞ『あるをつくして』ください」と、こんな感じで使われる。要は「残さずに食べてください」という意味なのだが、宴会の参加者にも食べ物の作り手にも配慮した柔らかい言葉だ。

「あるをつくしてください」と言われると、皿の上に残った冷えたエビチリも少しは食べようかという気になる。実際、日々「あるをつくして」いる長野県民が1日当たり排出するゴミの量は、6年連続で日本一少ない（環境省の一般廃棄物処理事業実態調査／2019度実績）。

この言葉を初めて聞く長野県外出身者は思わずハッとするが、キリンビール株式会社長野支店長の椎屋《しいや》直孝さん（当時）もその一人だった。

２０１６年３月に長野県に赴任してすぐの宴会で、「あるをつくして」という言葉を初めて耳にし、心を動かされたという。椎屋さんは転勤や仕事で全国各地を訪れているが、今までそういう言い方は聞いたことがなかったそうだ。

当時の長野県では、「宴会の始めの30分間と終わりの10分間は食べることを優先し、食物廃棄を少なくする」という「30・10（さんまるいちまる）運動」を、県が主導して推進していた。椎屋さんは翌年、「キリン一番搾り」のポスターで「30・10運動」を紹介し、キャッチフレーズを「あるをつくして。」とした。

画像提供：キリンビール

そして、このポスターをきっかけに「あるをつくして」という言葉は社内外で浸透するようになり、椎屋さんは「『あるをつくして』の長野県は、いい風土ですね」などと声をかけられるようになったという。

「あるをつくして」の本来の使い方は、「今あるものを大切に使い切る」であるが、「今、その土地にすでにあるものや、自分が持っているもののすべてを活かす」という意味にも取れる。本書に登場する人々は、それぞれの地域やビジネスにおいて、また環境・福祉・文化といった分野で、「あるをつくして」持続可能な「六方よし経営」を展開している。

そうした日本全国の14事例をパッチワークのようにつなぎ合わせ、私の「あるをつくして」、本書を書き上げた。お忙しい中に取材を受けていただき、写真提供などにもご協力いただいた事例の方々、そして本書のためにお力添えいただいたすべての方々に、心からの感謝を申し上げたい。

主要参考文献

はじめに
『ガウディの伝言』（外尾悦郎著、光文社新書）
『SDGs思考2030年のその先へ 17の目標を超えて目指す世界』
（田瀬和夫 SDGパートナーズ著、インプレス）

第1章
『近江商人の経営』（小倉榮一郎著、サンブライト出版）
『近江商人学入門』（末永國紀著、サンライズ出版）
『商人道』（藤本義一著、日経ビジネス人文庫）
『なぜ星付きシェフの僕がサイゼリアでバイトするのか？ 偏差値37のバカが見つけた必勝法』（村山太一著、飛鳥新社）
『地方起業の教科書』（中川直洋著、あさ出版）

第2章
『捨てないパン屋』（田村陽至著、清流出版）
『衰退産業でヒット商品を生み出す4つの法則』（髙橋和江著、幻冬舎）
『日傘こころ模様 着物で仕立てた傘のものがたり』（小堺正記著、小学館プロダクション）

第3章
『さくらやぼん 私にもできる地域デザインのワークブック』（株式会社サンクラッド著、tao.）

第4章
『若者だけの林業会社、奮闘ドキュメント 今日も森にいます。東京チェンソーズ』（青木亮輔+徳間書店取材班著、徳間書店）
『山をつくる：東京チェンソーズの挑戦』（菅聖子著、小峰書店）
『ほどよい量をつくる』（甲斐かおり著、インプレス）

藻谷《もたに》 ゆかり

経営エッセイスト。1963年横浜市生まれ。東京大学経済学部卒業後、金融機関に勤務。ハーバード・ビジネススクールでMBA取得後、外資系メーカー2社勤務を経て、97年インド紅茶の輸入・ネット通販会社を千葉県で起業。2002年に家族5人で長野県に移住。18年に会社を事業譲渡し、現在は「地方移住×起業×事業承継」についての執筆と講演を行う巴創業塾を主宰。近著に、『衰退産業でも稼げます「代替わりイノベーション」のセオリー』（新潮社）、『コロナ移住のすすめ 2020年代の人生設計』（毎日新聞出版）がある

六方よし経営

日本を元気にする新しいビジネスのかたち

2021年7月20日　第1版第1刷発行

著者	藻谷 ゆかり
発行人	伊藤 暢人
発行	日経BP
発売	日経BPマーケティング
	〒105-8308　東京都港区虎ノ門4-3-12
編集	田中 淳一郎
校正	円水社
装丁・本文デザイン	中川 英祐（Tripleline）
本文DTP	中澤 愛子（Tripleline）
印刷・製本	図書印刷株式会社

　ISBN978-4-296-11002-5